C.H.BECK WISSEN

Beginnend mit dem Aufbruch der Frauen in der Französischen Revolution werden hier die verschiedenen Stationen und Strömungen der Frauenbewegung vorgestellt: der Anfang einer organisierten sozialen Bewegung um die 1848er Revolution; die Höhepunkte ihrer Organisation und öffentlichen Wirkung an der Wende zum 20. Jahrhundert; der Aufstieg von Frauen zu gleichberechtigten Staatsbürgerinnen nach dem Ersten Weltkrieg und der Niedergang der Bewegung in der Zeit des Nationalsozialismus; der Aufbruch zu einem «neuen» Feminismus nach 1970; und schließlich die Situation der Frauen, des Feminismus und die Veränderung der Geschlechterverhältnisse am Beginn des 21. Jahrhunderts.

Ute Gerhard, em. Professorin für Soziologie mit dem Schwerpunkt Geschlechterforschung an der Universität Frankfurt a. M., war die erste Inhaberin eines Lehrstuhls für Frauen- und Geschlechterforschung in der Bundesrepublik.

Ute Gerhard

FRAUENBEWEGUNG UND FEMINISMUS

Eine Geschichte seit 1789

Verlag C.H.Beck

1. Auflage 2009
2. Auflage 2012

3., aktualisierte Auflage. 2018

Originalausgabe

Satz: Fotosatz Amann, Memmingen
Druck und Bindung: Druckerei C.H.Beck, Nördlingen
Umschlagentwurf: Uwe Göbel
Printed in Germany
ISBN 978 3 406 71841 0

www.chbeck.de

Inhalt

Einleitung

Die Stichworte ‹Frauenbewegung› und ‹Feminismus› stehen für ein gemeinsames Ziel. In beiden Fällen geht es darum, Frauen in allen Lebensbereichen, in Staat, Gesellschaft und Kultur und vor allem auch in der Privatsphäre, gleiche Rechte und Freiheiten sowie gleiche Teilhabe an politischer Macht und gesellschaftlichen Ressourcen zu verschaffen. Das heißt, im Zentrum der Bestrebungen liegt nicht mehr, aber auch nicht weniger als die Einlösung demokratischer Prinzipien der Freiheit und Gleichheit aller Menschen und die Anerkennung ihrer gleichen Menschenwürde – Prinzipien, die seit der Französischen Revolution als Kennzeichen einer rechtsstaatlichen demokratischen Ordnung gelten. Und doch meinen beide Begriffe nicht unbedingt dasselbe, sie transportieren insbesondere im Deutschen unterschiedliche Bedeutungen oder politische Ansichten.

‹Frauenbewegung› bezeichnet wie andere soziale Bewegungen bestimmte Formen gemeinsamen sozialen Handelns, die darauf gerichtet sind, sozialen Wandel herbeizuführen und – im Falle der Frauenbewegung – insbesondere im Geschlechterverhältnis Bevormundung, Ungerechtigkeit und soziale Ungleichheiten zu beseitigen. Frauenbewegungen sind historische Phänomene und soziale Tatsachen, die sich beschreiben, deuten und unter vielfältigen Aspekten wissenschaftlich analysieren lassen. Die sozialwissenschaftliche Forschung hat hierfür ein ganzes Repertoire von Kriterien und Methoden erarbeitet, mit denen sie die verschiedenen Formen kollektiven, bürgerschaftlichen Engagements zu kategorisieren und einzuordnen versteht.

Der Begriff ‹Feminismus›, obwohl auch er zur Bezeichnung der sozialen Bewegungen von Frauen gebraucht wird, hat noch eine weiter gehende Bedeutung. Wie andere Theorien oder Gesellschaftskonzepte, die wie Liberalismus, Konservatismus, Marxismus seit dem 19. Jahrhundert als «Ismen» verhandelt werden, verweist die Rede vom Feminismus auf eine politische Theorie, die nicht nur einzelne Anliegen verfolgt, sondern die Gesamtheit gesellschaftlicher Verhältnisse im Blick hat, also einen grundlegenden Wandel der sozialen und symbolischen Ordnung – auch in den intimsten und vertrautesten Verhältnissen der Geschlechter – anstrebt und gleichzeitig Deutungen und Argumente zu ihrer Kritik anbietet. Dieser Anspruch ist nicht erst neuerdings der Ideologie verdächtig und deshalb in Verruf geraten, vielmehr begleiten Abwehr und Missverständnisse die Erörterung von Frauenfragen und Feminismus, seitdem sie benannt wurden. Wie ist das zu erklären? Liegt der Grund darin, dass die Emanzipation der Frauen in jedem Fall, mit jeder einzelnen Forderung nach mehr Gerechtigkeit, die bisherige Geschlechterordnung und damit die bestehende Ordnung in Frage stellt, also den Status quo von Gewohnheiten und Privilegien gefährdet? Um hierauf eine Antwort geben zu können, lohnt es sich, mehr zu wissen und die Geschichte und die gesellschaftlichen Zusammenhänge genauer zu kennen, in denen um Emanzipation, Gleichheit und Gerechtigkeit gerungen wurde. Tatsächlich genügt es nicht, sich auf Gemeinplätze und Erfahrungen aus dem eigenen Alltag zu berufen, gerade weil jeder und jede sich alltäglich gegenüber bestimmten Erwartungen als Mann oder Frau bewähren müssen. Hier helfen Erklärungsansätze und Theorien, die inzwischen von der Frauen- und Geschlechterforschung in den verschiedenen Disziplinen erarbeitet wurden. Dabei zeigt sich, dass die Einführung der Frage nach dem Geschlechterverhältnis in unsere Überlegungen und in die Forschung die Perspektive auf die Geschichte und die Gesellschaft und damit auch den Kanon des Wissens verändert – ohne damit behaupten zu wollen, dass es *eine* richtige Deutung und Lösung der Probleme gäbe. Somit gibt es auch nicht eine feministische Theorie oder *den* Feminismus, vielmehr unterschiedliche Ansätze und politische Theorien und – wie wir sehen werden – im Laufe der letzten 200 Jahre die verschiedensten Richtungen, politische und soziale Bewegungen von Frauen, die hier in ihren verschiedenen Ausrichtungen und ‹Wellen› vorgestellt und diskutiert werden.

Tatsächlich wurde der Terminus ‹Feminismus› erst in den

1880er Jahren von französischen Frauenrechtlerinnen aufgebracht, und zwar von *Hubertine Auclert* (1848–1914), einer französischen Suffragette, die in der von ihr zwischen 1881 und 1891 herausgegebenen Zeitschrift *La Citoyenne* (Die Staatsbürgerin) den Begriff als politische Leitidee gegen den ihrer Meinung nach vorherrschenden ‹Maskulinismus› der Dritten Republik in Frankreich eingeführt hat. 1892 veranstalteten die Französinnen einen großen Kongress, der bereits das Adjektiv «feministisch» im Titel führte, und 1896 berichtete die französische Delegierte auf dem Internationalen Frauenkongress in Berlin vor einem großen Publikum darüber, wie bereitwillig die französische Presse dieses Wort «à la mode» aufgegriffen hatte (Int. Kongress 1897, 39 f.). Von da breitete sich der Begriff wie ein Lauffeuer in den Frauenbewegungen der westlichen Welt aus und wurde nun teilweise im gleichen Sinn wie das Stichwort ‹Frauenbewegung› benutzt. Im Deutschen aber haftet dem Begriff bis heute der Geruch besonderer Radikalität an. Tatsächlich wurde er an der Wende zum 20. Jahrhundert von den Akteurinnen kaum zur Selbstbezeichnung, dagegen abwertend und denunzierend von den Gegnern der Frauenemanzipation gebraucht und hat erst mit der Frauenbewegung der 1970er Eingang in unsere Alltagssprache gefunden.

Doch gleichgültig, wie der Gegenstand der Beunruhigung und die Gleichberechtigungsforderungen der Frauen im öffentlichen Diskurs bezeichnet wurden, als «Frauenemanzipation» – so insbesondere um die 1848er Revolution –, als «Frauenfrage» in Parallele und Anknüpfung an die «soziale Frage» in der zweiten Hälfte des 19. Jahrhunderts oder als Frauenbewegung bzw. Feminismus: Es ging in dieser Geschichte seit 1789 immer um den gleichen Widerspruch, um das Versprechen oder auch nur die Denkmöglichkeit der Freiheit und Gleichheit der Frauen und zugleich um ihre Nichteinlösung oder die nur partielle, nicht hinreichende Verwirklichung von Frauenrechten. Dieser Widerspruch zwischen Befreiung und Beschränkung, zwischen der Rede von der Emanzipation und tatsächlicher Unterordnung der Frau unter männliche Dominanz, eheliche Pflichten und Gewalt, begleitet die Frauen- und Geschlechtergeschichte der Neuzeit seit der Französischen Revolution. Er kennzeichnet zugleich die Ambivalenz bzw. den Webfehler der sich als ‹modern› bezeichnenden Gesellschaften. Mit dem immer subtiler begründeten Ausschluss der Frauen aus dem Kreis gleicher Staatsbürger wurde die Eigenschaft Geschlecht jenseits der Klassentrennung zu einer politischen Kategorie und konstitutiv für die sog. liberale Ordnung der bürgerlichen Gesellschaft. Aus diesem Grund aber scheint es angemessen, die ‹modernen› Erzählungen über die Geschlechterfrage im 19. und 20. Jahrhundert – über die verschiedenen Phasen, Etiketten und «langen Wellen» der Frauenbewegung hinweg – als eine Epoche zu verstehen, die möglicherweise noch nicht abgeschlossen ist, um zu fragen, wo wir heute, am Beginn des 21. Jahrhunderts, stehen. Sowohl die Frauenbewegungen als soziale Bewegungen als auch die politischen Theorien des Feminismus sind in historische und politische Kontexte eingebunden bzw. gestalten diese auch mit. Daher folgt die Gliederung des Stoffes weitgehend politischen Wendepunkten. Doch trotz aller Fortschritte und Errungenschaften zeigt schließlich auch die Analyse der Gegenwart, dass der Feminismus als demokratisches Projekt noch immer nicht erledigt ist.

I. Zeitenwende in den Geschlechterbeziehungen: Die Französische Revolution

Die Ereignisse um das Jahr 1789, vor allem die Reaktionen und die Erschütterung, die diese Ereignisse in Europa und in der Alten und Neuen Welt auslösten, kennzeichnen die Französische Revolution als Zeitenwende. Sie stellte, anders als die amerikanische Unabhängigkeitserklärung mit der Erklärung der Menschenrechte von 1776, in der es vorrangig um die Unabhängigkeit vom englischen König, d. h. um Volkssouveränität und die Gründung der Vereinigten Staaten ging, die Grundfesten der gesamten bisherigen Weltordnung in Frage. Sie beseitigte in nur wenigen Schritten und Verfassungsakten den Feudalismus, seine ständische Gesellschaftsstruktur und den Absolutismus des Ancien Régime. Auch die Ordnung der Familie und die Beziehungen zwischen den Geschlechtern wurden vom Strudel des Umsturzes und der Befreiung erfasst. Damit aber, so empfanden es die Zeitgenossen, wurde eine ganze Zivilisation bis in ihre häuslichen Fundamente erschüttert.

Die grundlegende Infragestellung der traditionellen Geschlechterbeziehungen und die veränderte, ungewohnte Rolle der Frauen waren nicht nur eine Folge revolutionärer Umwälzungen – im Sinne von betroffen sein oder mitgerissen werden. Vielmehr bestand das Neue gerade darin, dass der «allgemeine» Wille, die Welt von Grund auf zu erneuern, eine neue Form der Öffentlichkeit schuf, d. h. einen politischen Raum, in dem Männer und Frauen der verschiedenen Schichten des Volkes agieren, ihre Stimme erheben und intervenieren konnten. Darunter waren nun auch Frauen nicht nur aus den untersten Schichten des Volkes, nicht nur die «Marktfrauen und Fischweiber», sondern auch Frauen bürgerlicher Herkunft und Aristokratinnen. Wenn auch schon die Hungerunruhen und Agrarrevolten unter dem Ancien Régime ein typisch weibliches Aktionsfeld waren, so ging es bei dem Marsch der Pariserinnen am 5. und 6. Oktober 1789 von Paris nach Versailles um mehr als den Kampf ums alltägliche Brot. Ziel der ersten Massendemonstration von etwa 8000 bis 10 000 Frauen, die schließlich auch von 20 000 Männern der Nationalgarde, der neuen Bürgermiliz, eskortiert wurden, war es vielmehr, die königliche Familie und die in Versailles tagende Nationalversammlung in die Hauptstadt und damit ins Zentrum der Revolution und des Volkswillens zurückzuholen, nicht zuletzt um den König zu kontrollieren und zu zwingen, die Abschaffung der Feudalität und die am 26. August 1789 verkündete Erklärung der allgemeinen Menschenrechte zu unterschreiben.

Mit dem Marsch der Pariserinnen am 5. Oktober 1789 nach Versailles – einer Intervention, die die Beschlüsse der Nationalversammlung umsetzen, realisieren sollte – haben die Frauen das Recht auf Teilnahme am öffentlichen Leben nicht nur gefordert, sondern bereits ausgeübt (Petersen 1987, 13). Dieser «Tag der Weiber» sollte in die Geschichte eingehen und hat doch zugleich das Bild der Frauen in der Französischen Revolution eher verdunkelt und verzerrt (nachzulesen insbesondere bei Michelet 1913, zuerst 1854). Das Klischee der «Weiber, die zu Hyänen» wurden (Schiller), d. h. vulgär und zügellos, mit Spitzhacken und Gewehren ausgerüstet, ja in Männerkleidern der Revolution zum Durchbruch verhalfen, machte von da an die Runde und grub sich zur Denunziation jeglicher weiblicher Mitwirkung in der Politik in das historische Gedächtnis ein. Dabei war, solange es keine Beteiligungsrechte gab, die Regel- und Formverletzung die einzige Möglichkeit, sich Gehör und Aufmerksamkeit zu verschaffen. Das gilt schon im Hinblick auf die führende Rolle der Frauen bei den Brot- und Hungerrevolten des Ancien Régime, erst recht seit 1789 bei allen Versuchen, sich in der neuen politischen Öffentlichkeit, in den Clubs und neuen Verfassungsorganen zu Wort zu melden, blieben sie doch in der Nationalversammlung sowie der Constituante und dem Konvent bis zuletzt auf die Zuschauertribüne verbannt.

Geschlechterstreit und Aufklärung

Das Aufbegehren und die Kritik an der Geschlechterordnung waren keine Erfindung der Französischen Revolution. Vielmehr hatte es schon vorher seit der Frührenaissance, also über mindestens vier Jahrhunderte, einen sog. Geschlechterstreit («querelle des sexes» bzw. «querelle des femmes») gegeben. Dies war ein männlicher Diskurs, an dem sich auch gelehrte Frauen beteiligten. Insbesondere *Christine de Pizan* (1365–1429) gilt als eine der Ersten, die sich in diesen Streit der Frauen und um Frauen mit einem umfangreichen Werk, u. a. ihrem Buch *Die Stadt der Frauen* von 1404/05, prominent eingeschaltet hatte. Mit diesem Lese- und Trostbuch für Frauen entfachte sie den ersten großen Literaturstreit in Frankreich um den berühmten *Rosenroman* von Jean de Meun (um 1280), dessen misogynes Frauenbild die ganze Frauenverachtung seiner Zeit und der kulturellen Überlieferung zusammenfasst. Indem Pizan eine Umdeutung der antiken und mittelalterlichen Quellen vornahm und auf große

Frauenfiguren in der Geschichte, in Bibel und Mythologie verwies, gelang es ihr, die Frauen im Rekurs auf die Tugenden der Vernunft, der Rechtschaffenheit und der Gerechtigkeit zu Selbstbewusstsein und Widerstand, allegorisch zum Bau einer Stadt der Frauen als «Festung gegen die Schar der boshaften Belagerer und Verleumder des weiblichen Geschlechts» zu ermutigen (Pizan [1405] 1986, 23).

Im 18. Jahrhundert der Aufklärung wurde die Kontroverse angesichts eines auf die Vernunft des Menschen gegründeten Menschenbildes unumgänglich und unerbittlicher. «Der Verstand hat kein Geschlecht», lautete die Schlussfolgerung, die der Aufklärer François Poullain de la Barre in seiner Schrift *Über die Gleichheit beider Geschlechter* (1763) zog, ganz im Sinne der Philosophie René Descartes', dessen rationalistische Trennung von Körper und Verstand/Geist zugleich auf der Annahme beruhte, dass die Vernunft als besondere Begabung den Menschen vor allen anderen Lebewesen auszeichne. Das bedeutete, dass auch die Besonderheit des weiblichen Körpers die Verstandestätigkeit der Frau nicht beeinflussen könne. Doch dieser Einsicht wurde sogleich und immer wieder von den verschiedensten Seiten heftig widersprochen. Mit der Entwicklung der empirischen Wissenschaften, insbesondere den medizinischen Erkenntnissen über die besondere Physiologie der Frau und der Entdeckung, dass Wissen und Denken sehr wohl von Sinneswahrnehmungen, Gefühlen und Erfahrungen beeinflusst werden, wurde diese rationale Begründung der Gleichheit der Geschlechter als Vernunftwesen nicht mehr akzeptiert (Honegger 1991). Die nachhaltigste Wirkung hatten die politischen Theorien und pädagogischen Schriften von Jean-Jacques Rousseau. In seinem fast gleichzeitig mit de la Barres Werk veröffentlichten Erziehungsroman *Emile oder Über die Erziehung* (1762) philosophiert er im 5. Buch «Über Sophie oder die Frau» ausführlich über die geschlechtsbedingten Unterschiede zwischen Mann und Frau und kommt zu dem Schluss, dass die Anatomie der Frau, im Jargon der Zeit die «Natur der Frau», auch ihre Stellung in der Gesellschaft und im Recht bestimme. Wie bei anderen Aufklärungsphilosophen, z. B. Fichte, wird diese Analogie zwischen Körper und sozialer Ordnung aus der ungleichen Stellung im Sexualakt abgeleitet und zugleich mit Verweis auf das notwendige Schamgefühl der Frau moralisch begründet, warum es prinzipiell keine Gleichberechtigung der Frau geben könne: «Das eine muss aktiv und stark, das andere passiv und schwach sein … Die wirkungsvollste Art, diese Kraft zu erwecken, ist, sie durch Widerstand notwendig werden zu lassen … Aus dieser Verschiedenheit der Geschlechter … im Hinblick auf das Geschlechtliche … folgt, dass die Frau eigens dazu geschaffen ist, dem Mann zu gefallen» (Rousseau 1963, zuerst 1762, 721–726). Rousseau bewegte sich mit dieser Auffassung über die besondere und andere Rolle der Frau im dominanten Denkmuster der abendländischen Philosophie, die seit der Antike, insbesondere in der christlichen Deutung über Thomas von Aquin aus der Gegenüberstellung von männlich – weiblich, aktiv – passiv die Minderwertigkeit, Unvollkommenheit bzw. notwendige Unterwerfung der Frau unter die Herrschaft des Mannes zu legitimieren versuchte. Nicht zuletzt die ältere, gleichwohl zweite Schöpfungsgeschichte aus Genesis 2 und 3, in der Eva aus der Rippe Adams geformt wird und die mit dem von Eva initiierten Sündenfall endet, hatte der patriarchalen Weltordnung in der Kultur des Abendlandes, in den Mythen, Bildern und vor allem in der Kunstproduktion nicht nur Popularität, sondern den Charakter eines göttlichen Gebots verliehen.

Doch indem die Französische Revolution bereits in den ersten Gesetzgebungsakten die Privilegien des Klerus beseitigte, die Klöster auflöste und die Kirchengüter enteignete und durch eine strikte Trennung von Staat und Kirche nicht nur der Meinungsfreiheit, sondern auch der Glaubensfreiheit zum Sieg verhalf, räumte sie auch mit einer religiös gestifteten Weltordnung auf. Nicht zuletzt die politischen Schriften von Rousseau, z. B. seine Abhandlung *Über den Gesellschaftsvertrag* (1758), sowie Charles-Louis Montesquieus *Vom Geist der Gesetze* (1748) hatten den Weg zu einer auf der Basis von Recht und Gesetz und der Souveränität des Volkes gegründeten Gesellschaftsordnung vorgezeichnet – allerdings ohne die Frauen auch nur gedanklich in die Lehren vom Gesellschaftsvertrag als Partner einzubeziehen. Mit dem Zusammenbruch der alten Gewalten und der Erhebung des Volkes aber waren aus den politischen Prinzipien Rechtsbegriffe geworden, aus denen nun konkrete Forderungen und ein politisches Programm sozialer Gerechtigkeit abgeleitet werden konnten, auch im Blick auf und unter der Mitwirkung von Frauen (Gerhard 1990b).

Verteidiger und PionierInnen

Einer der ersten prominenten Fürsprecher, der in dieser Zeit des Umbruchs bei der Umsetzung der Idee von Freiheit und Gleichheit der Menschen für die Bürgerrechte auch der Frauen eintrat, war der *Marquis Marie Jean Antoine de Condorcet* (1743–1794), Mathematiker und Philosoph, ein Liberaler, der 1791 Abgeordneter der Nationalversammlung war und neben der Planung eines klassenübergreifenden staatlichen Bildungssystems am Entwurf einer republikanischen Verfassung mitarbeitete, bevor er 1793 von den radikalen Jakobinern angeklagt und verfolgt wurde. Vor der Revolution hatte der zusammen mit seiner Frau, Sophie de Grouchy, geführte Salon als «Wiege der Republik» ein Zentrum der französischen Aufklärung gebildet. Er war für die Sklavenbefreiung in den französischen Kolonien in Nordafrika eingetreten und hatte schon 1787 die Wählbarkeit auch der besitzenden Frauen in die ständischen Vertretungsorgane gefordert. 1790 erschien sein berühmtes Plädoyer für die Zulassung der Frauen zum Bürgerrecht. Er betrachtete es als «Akt der Tyrannei», in Anbetracht der auf das Naturrecht gegründeten Gleichheit der Menschen, die «Hälfte des Menschengeschlechts» – eine von ihm geprägte Formulierung – von den Bürger- und Menschenrechten auszuschließen: «Entweder hat kein Glied des Menschengeschlechts wirkliche Rechte, oder sie haben alle die gleichen, und derjenige, der gegen das Recht eines anderen stimmt, mag er auch einer anderen Religion, einer anderen Hautfarbe oder dem anderen Geschlecht angehören, hat damit seine Rechte verwirkt.» (Condorcet 1979, 55–65) Damit hatte er – ohne den Klassenunterschied zu benennen – die auch heute noch aktuellen Hauptachsen sozialer Ungleichheit benannt.

Aus dem großen Kreis berühmter und berüchtigter «Frauen der Revolution», die in einem der führenden Clubs, der *Vereini-*

gung der Freunde der Wahrheit (*Société des amis de la vérité*), eine Frauensektion begründeten und die verschiedenen revolutionären Frauenclubs zu vereinen suchten, ragt *Etta Palm d'Aelders* (1743–1799) hervor, eine gebildete Frau und schillernde Person holländischer Herkunft, die sich nach einem bewegten Leben 1774 in Paris niedergelassen hatte und hier mit einem eigenen Salon in den verschiedenen Zirkeln von Liberalen und europäischen Diplomaten verkehrte. Sie gilt als die erste Frau, die öffentlich zugunsten von Frauen das Wort ergriff. Sie veröffentlichte Zeitungsartikel und Pamphlete und provozierte mit ihren Reden vor den «Freunden der Wahrheit» zwischen 1790 und 1791 hitzige Debatten über Frauenrechte. «Wir sind Eure Gefährten, nicht Eure Sklaven», war ihr Motto. An der Spitze einer Frauendelegation erschien sie in der Nationalversammlung und forderte in einer Petition die Abschaffung des Erstgeburtsrechts, gleiche Scheidungsfreiheit für Frauen und Männer, den Schutz geschlagener Frauen und politische Gleichberechtigung, ja selbst den gleichen Zugang zu allen militärischen Diensten und Posten. Als Präsidentin der *Société patriotique et de bienfaisance des Amies de la Vérité* entwickelte sie darüber hinaus Vorschläge für ein nationales Wohlfahrtssystem, das sich insbesondere der Erziehung und Fürsorge für arme Frauen und deren Kinder annehmen sollte. In diplomatischer Mission nach Holland zurückgekehrt, wurde Etta Palm dort nach Ausrufung der Republik 1795 der Spionage verdächtigt und verhaftet. Sie starb kurz nach ihrer Freilassung 1799 in Den Haag.

Eine der extravagantesten und bis heute in ihrer Bedeutung verkannten Frauen der Französischen Revolution war *Olympe de Gouges*, geb. Marie Gouze (1748–1793). Unmittelbar nachdem die Nationalversammlung im September 1791 die erste republikanische Verfassung Frankreichs verabschiedet hatte, der die allgemeine Erklärung der Menschen- und Bürgerrechte von 1789 als Grundrechte vorangestellt waren, veröffentlichte sie ihre *Erklärung der Rechte der Frau und Bürgerin (Déclaration des droits de la femme et de la citoyenne)*. Mit der Verabschiedung dieser Verfassung, in der entgegen den Gleichheitsversprechen der Menschenrechte sowohl die Monarchie als konstitutionelle als auch das Zensuswahlrecht, d. h. ein Männerwahlrecht nach Besitzklassen, beibehalten wurde, war klar geworden, dass nicht nur die Privilegien der Besitzenden, des Bürgertums, sondern auch die des männlichen Geschlechts neu befestigt wurden. Tatsächlich waren paradoxerweise mit der Abschaffung der Adelsprivilegien auch die im Ancien Régime einzigen Wahl- und Vertretungsrechte von Frauen der höheren Stände aufgehoben worden. In einer scharfzüngigen Polemik kennzeichnete Olympe de Gouges daher in ihrer Vorrede zur Frauenrechtserklärung das Kernproblem: «Der Mann allein» maßt sich an, «von der Revolution zu profitieren ... Extravagant, blind, von den Wissenschaften aufgeblasen und degeneriert, will er in diesem Jahrhundert der Aufklärung und des Scharfsinns, doch in krasser Unwissenheit, despotisch über ein Geschlecht befehlen, das alle intellektuellen Fähigkeiten besitzt.» (zit. n. Gerhard 1990b, 263 f.)

Die Erklärung der Olympe de Gouges war Teil einer längeren Broschüre unter dem Titel *Die Rechte der Frau.* Nach einem Brief an die Königin, die sie um Mithilfe bat, «dem Aufschwung der Rechte der Frau Gewicht zu verleihen», sowie der bereits erwähnten Vorrede, die mit der Frage eröffnet wird: «Mann, bist Du fähig, gerecht zu sein?», folgt die «Erklärung der Rechte der Frau und Bürgerin». Dem schließt sich der Entwurf eines Gesellschaftsvertrages an, der sich als Vertrag «zwischen Mann und Frau» wie ein zivilrechtlicher Partner- und Ehevertrag liest, den sie jedoch als Staatsvertrag und notwendigen Bestandteil der Verfassung verstanden wissen wollte. Damit hat sie hellsichtig die systematische Bruchstelle der bürgerlich-liberalen Rechtsordnungen der Neuzeit zwischen privatem und öffentlichem Recht aufgezeigt, die mit einer Platzanweisung an die Frauen korrespondiert: Der Einschluss in die Privatsphäre mit Hilfe des Ehe- und Familienrechts, in der der Ehemann alle Gewalt und Entscheidungsbefugnis hatte, legitimierte gleichzeitig den Ausschluss der Frauen aus der politischen Öffentlichkeit. Bis zu den Rechtsreformen der 1960er und 70er Jahre bildete diese Geschlechterordnung die Grundlage aller rechtsstaatlichen Verfassungen der westlichen Welt, gleichgültig, ob sie sich auf ihre republikanische, liberale oder sozialdemokratische Tradition stützten.

Wegweisend für den neuzeitlichen Feminismus wurde Olympe de Gouges' Schrift *Die Rechte der Frau* vor allem aber durch die Manifestation der Frauenrechte als Menschenrechte. Mit der ausdrücklichen Einbeziehung der Frauen in den Geltungsanspruch der Menschenrechte stellte sie sich auf den Boden einer allgemeinen Rechtsordnung für Männer und Frauen und nahm die Freiheits- und Gleichheitsversprechen beim Wort. Das zeigt sich darin, dass sie in ihrem Text ebenfalls in 17 Artikeln dem Wortlaut der allgemeinen *Erklärung der Menschen- und Bürgerrechte* von 1789 folgt, jedoch mit anscheinend geringfügigen, aber im Blick auf Frauen wesentlichen Umformulierungen, Ergänzungen und Korrekturen. Sie benennt die entscheidenden Forderungen nach Anerkennung der Frauen als Gleichberechtigte und gleichermaßen Verpflichtete in Staat und Gesellschaft (lehnt deshalb Sonderrechte oder sog. Rechtswohltaten für Frauen Art. 7 und 9 ab) und begründet die Notwendigkeit ihrer Teilhabe am politischen Prozess der Selbstbestimmung und Selbst-Gesetzgebung, z. B. mit dem Zusatz in Artikel 16: «Die Verfassung ist null und nichtig, wenn die Mehrheit der Individuen, die die Nation darstellen, an ihrem Zustandekommen nicht mitgewirkt hat.» Beharrlich buchstabiert sie die «natürlichen und unveräußerlichen Rechte *von Frau und* Mann» aus, wo im sog. allgemeinen Text von «Menschenrechten», französisch «droits de l'homme», die Rede ist (Art. 2). Gerade auch in den sperrigen, anscheinend für eine Verfassung unpassenden Einzelheiten benennt sie spezifische Unrechtserfahrungen der Frauen. So plädiert sie z. B. in Artikel 11 zur Gedanken- und Meinungsfreiheit für das Recht der Frau, den Vater ihrer nicht ehelichen Kinder benennen und gerichtlich belangen zu können, und weist damit auf eine elementare Not der von Männern betrogenen und verlassenen Frauen hin. In dem Entwurf eines Gesellschaftsvertrags bietet sie «ein unübertreffliches Mittel» an, Elend, Unbildung und Abhängigkeit der Frauen zu beheben. Unverzichtbar sei die Teilhabe der Frauen an gemeinsamem Vermögen, soll heißen, die Eigentumsrechte der Frauen und die gemeinsame Sorge und Verantwortlichkeit der Väter an ihren auch außerhalb einer Ehe geborenen Kindern (vgl. Burmeister 1999, 168 f., Gerhard 1990, 49 f.).

Als de Gouges dieses für die Verfassungsgeschichte einmalige Rechtsdokument veröffentlichte, war sie bereits eine bekannte Literatin, die schon vor 1789 in der Pariser Gesellschaft, bei Hofe und in oppositionellen Kreisen als «femme galante» von strahlender Schönheit Aufsehen erregt und sich durch zahlreiche Theaterstücke, Romane und politische sowie sozialkritische Streitschriften einen Namen gemacht hatte. Ihr gesamtes Werk, mehr als 130 Titel, die sie zwischen 1788 und 1793 wiederholt in mehreren Bänden herausgab, waren politische Interventionen und vom Stil der Zeit geprägte Tendenzliteratur. Gleich in ihrem ersten Theaterstück aus dem Jahr 1784, dem Drama *Zamore et Mirza*, war sie entschieden für die Aufhebung der Sklaverei in den nordafrikanischen Kolonien Frankreichs eingetreten und hatte von da an hart um die Aufführung ihrer Stücke in der Comédie Française kämpfen müssen. Sie mischte sich vehement und kühn von der Zuschauertribüne in die Debatten der Nationalversammlung ein, inszenierte Umzüge und Straßenfeste, besuchte die Versammlungen der Jakobiner und trat in den verschiedenen Frauenclubs auf, ohne diese selbst zu organisieren. Sie kämpfte leidenschaftlich für die neuen Ideen und für eine neue Gesellschaft, die ihrer Meinung nach auf der Grundlage des Naturrechts und neuer Standards für Gerechtigkeit nur mit Hilfe des Rechts, nicht mit Gewalt oder Blutvergießen zu begründen war. Daher lehnte sie auch nach der Verabschiedung einer Verfassung der konstitutionellen Monarchie die Verurteilung Ludwigs XVI. zum Tode als Rechtsbruch ab, bot sich im Prozess sogar als seine Verteidigerin an – nicht um sein Königtum zu verteidigen, doch um ihn nicht zum Märtyrer werden zu lassen. Denn sie war der Meinung, «nur wenn er seinen Fall überlebt, ist er wirklich tot» (Duhet 1971, 85). Damit aber hatte sie sich als Royalistin diskreditiert. Und als sie sich auch noch an der Seite der Girondisten für eine föderalistische Verfassung Frankreichs einsetzte und wiederholt gegen den Terror der Jakobiner agitierte, schließlich Robespierre und Marat der Brutalität und Diktatur bezichtigte, wurde ihr vor dem Revolutionstribunal der Prozess gemacht. Sie wurde auf dem Höhepunkt der Schreckensherrschaft am 3. 11. 1793 mit der Guillotine hingerichtet.

War es Ironie oder Zufall der Geschichte, dass just einen Tag vor ihrem Tod ein Dekret erlassen wurde, wonach nur die vom Vater anerkannten «natürlichen» Kinder erbberechtigt waren, um damit zugleich die Regel zu erfinden, dass die «Nachforschung, wer der Vater eines Kindes sei, untersagt ist»? Diese gesetzliche Bestimmung, die dem Gewohnheitsrecht und dem «geschriebenen Recht» des Ancien Régime unbekannt war, wurde unverändert auch 1804 in den unter der Herrschaft Napoleons verabschiedeten Code civil (Art. 340) übernommen und hat dort als Ausdruck beispielloser Härte gegenüber nicht ehelichen Müttern und ihren Kindern in Frankreich bis 1938 seine Gültigkeit bewahrt. Die von patriarchalen Interessen geleitete Maßnahme war die Antwort der Revolutionsregierung auf die von de Gouges in ihrer Erklärung geforderte spezifische Meinungsfreiheit, um Väter zur Verantwortung zu ziehen, und bereits Teil einer Reaktion, die die «wilden Exzesse» errungener Freiheiten gerade auch in den privaten Beziehungen eindämmen wollte. Nach der Einführung der Volljährigkeit und Ehemündigkeit für Männer und Frauen mit 21 Jahren im Jahr 1792 sowie gleicher Erbrechte auch für die nicht in einer Ehe geborenen «natürlichen» Kinder im Juni 1793 waren die revolutionären Gesetzgeber nun plötzlich besorgt um «die Gefahr der Erpressungen, Misshelligkeiten und Skandale», die durch diese Akte der Gleichstellung auch in die «ehrbarsten Familien» getragen wurde. Der Gleichheitsanspruch der Frauen wurde erneut dem Schutz der Familie, genauer, den Interessen der Männer in der Familie geopfert. Galten die Befreiung der Ehe aus kirchlicher Jurisdiktion, die Zivilehe und die Scheidungsfreiheit für beide Partner mit gleichen Rechten anfangs als einige der wesentlichen Errungenschaften der Revolution, als Befreiung aus persönlicher Sklaverei, so gewannen spätestens ab 1793 sehr schnell wieder die Stimmen die Oberhand, die den Sittenverfall und das gesellschaftliche Chaos diesen Freiheiten, insbesondere der Frauen, anlasteten. Frauenrechte zu fordern wurde ungehörig, waren es doch gerade die radikalsten Revolutionäre unter den Männern, die Jakobiner, die de Gouges bereits 1792 wieder in ihre Schranken wiesen: «Es ist das erste Mal, zumindest in Frankreich, dass man Frauen so zu Männern und vor allem zu Gesetzgebern hat sprechen hören: «Öffnen Sie uns die Ehrenschranke.» [Gemeint war der Zutritt zum Parlament.] ... Die Ehre der Frauen besteht darin, in aller Stille die Tugenden ihres Geschlechts zu kultivieren, und zwar unter dem Schleier der Bescheidenheit und im Schatten ihres Heimes. Auch kommt es den Frauen nicht zu, den Männern den Weg zu weisen ...» (zit. n. Blanc 1989, 127 f.)

Obwohl dieser ersten feministischen Proklamation für die gleichen Rechte der Frau ein prominenter Platz in der politischen Ideengeschichte und Rechtsgeschichte gebührt, ist Olympe de Gouges doch schnell wieder vergessen oder von den Geschichtsschreibern für verrückt erklärt worden (z. B. von J. Michelet). In der französischen Geschichte des Feminismus aber lebte sie fort, gehört sie zu den großen Leitsternen der Französinnen in der 1848er Revolution und der Feministinnen der Dritten Französischen Republik ab 1870. Ihre bis heute unstrittige Bedeutung liegt darin, dass sie die Rechtsgleichheit der Frauen als Menschenrecht am Beginn der bürgerlichen Gesellschaft konsequent zu Ende dachte und unbeirrt und ohne Rücksicht auf das eigne Wohlergehen radikal einforderte. Ihre Vision von Geschlechtergerechtigkeit und Demokratie ist bis heute uneingelöst, ebenso wie ihre gelegentlich kritischen Zweifel an ihren Geschlechtsgenossinnen heute noch aktuell sind: «Frauen, wäre es nicht an der Zeit, dass auch unter uns eine Revolution stattfände? Oder sollen die Frauen auf ewig voneinander isoliert bleiben; und nur dann eine Einheit mit der Gesellschaft bilden, wenn es darum geht, ihr eigenes Geschlecht zu verleugnen oder beim anderen Mitleid zu erregen?» (zit. n. Blanc 1989, 194)

Die andere Vordenkerin feministischer Ideen und Politik aus der Zeit der Französischen Revolution, die insbesondere auf Frauen im englischsprachigen Raum einen nachhaltigen Einfluss ausgeübt hat, war *Mary Wollstonecraft* (1759–1797). Ihre Schrift *Ein Plädoyer für die Rechte der Frau (A Vindication of the Rights of Woman)* erschien 1792 zunächst in London. Noch in demselben Jahr folgten eine französische Übersetzung und eine zweite englische Auflage. 1793/94 erschien bereits eine deutsche Übersetzung unter dem Titel *Rettung der Rechte des*

Weibes mit Bemerkungen über politische und moralische Gegenstände, herausgegeben und mit belehrenden Kommentaren versehen von dem Verleger und Pädagogen Christian Gotthilf Salzmann, dem Begründer der Erziehungsanstalt Schnepfenthal.

Wollstonecraft war vorher bereits bekannt geworden mit einer ebenso kühnen wie hochfahrenden Replik auf Edmund Burkes berühmte Schrift *Betrachtungen über die Französische Revolution in Frankreich* aus dem Jahr 1790, in der sich der irische Philosoph und Staatsmann als konservativer und scharfer Gegner der Französischen Revolution profiliert und europaweit eine Kontroverse ausgelöst hatte. Mary Wollstonecraft war eine der Ersten (es folgten Thomas Paine 1791 u. a. m.), die ihm unter dem Titel *Verteidigung der Menschenrechte* (1790) heftig widersprach und sich damit in einen philosophischen Männerdiskurs zu Aufklärung und Menschenrechten einmischte, um wie Olympe de Gouges sehr schnell zu erkennen, dass die Rechte der Frauen noch viel grundsätzlicher der ‹Verteidigung› bedurften.

Anders als de Gouges' Rechte-Erklärung entfaltete Wollstonecrafts Verteidigungsschrift der Rechte der Frauen über nun mehr als zwei Jahrhunderte – im Zuge immer wieder neuer Anfänge und ‹Wellen› der Frauenbewegungen – eine breite Wirkung. Eine Bibliographie aus den 1970er Jahren vermerkt allein über 700 Titel zur Rezeption. Das Buch wurde sogleich zu einem Bestseller und seither in viele Sprachen übersetzt, auch wenn nach ihrem frühen Tod und der Veröffentlichung ihrer Memoiren durch ihren Ehemann, den Schriftsteller und politischen Philosophen William Godwin, die Gegner der Frauenemanzipation ihren unkonventionellen Lebenswandel zur Denunziation ihrer radikalen Ideen nutzten.

Wie viele Frauen ihrer Zeit war Mary Wollstonecraft in schwierigen familiären Verhältnissen aufgewachsen, auf das Selbststudium und eine Portion Selbstbehauptung angewiesen. Mit der Eröffnung einer koedukativen Privatschule als 24-Jährige sammelte sie pädagogische Erfahrungen und fing an zu schreiben. Für ihre Schrift *Gedanken über die Erziehung von Töchtern, mit Überlegungen zu weiblichem Verhalten in den wichtigen Pflichten des Lebens* (1786) fand sie erstaunlich schnell in Samuel Johnson einen Verleger und Förderer, auch für ihren ersten Roman *Mary, a Fiction* (1788), und geriet auf diese Weise in London in den Kreis radikaler Philosophen, zu denen u. a. Thomas Paine, William Godwin, der Schweizer Maler Heinrich Füssli sowie die Herausgeber der literarischen und wissenschaftlichen Zeitschrift *Analytical Review* gehörten. Nachdem sie im Selbststudium Französisch, Italienisch und Deutsch gelernt hatte, konnte sie die Werke der Aufklärung in der Originalsprache lesen und wurde eine gefragte Übersetzerin und zugleich Redakteurin der Zeitschrift mit vielfachen Verbindungen zu den europäischen Gelehrten der Zeit.

Ihr *Plädoyer für die Rechte der Frau* von 1792 adressiert Mary Wollstonecraft an den mit einem Gesetzentwurf zur nationalen Erziehung befassten französischen Konventsabgeordneten Talleyrand-Périgord mit der Aufforderung: «Die Vernunft verlangt, dass die Rechte der Frauen geachtet werden und schreit um *Gerechtigkeit* für die Hälfte des Menschengeschlechts» (Wollstonecraft 1975/1976 Bd. II, 23). Die Schrift ist eine kritische und leidenschaftliche Auseinandersetzung mit den zeitgenössischen Geschlechtertheorien und führt die Schriftsteller, die «die Frau als Gegenstand des Mitleids, fast der Verachtung» behandeln, ausführlich, manchmal recht weitschweifig vor. Ihre Kritik gilt insbesondere Jean-Jacques Rousseaus einflussreichem Erziehungsroman *Emile* (1762) und seiner aus der «Natur der Frau» abgeleiteten Doktrin, wonach die Frau «eigens dazu geschaffen» sei, «dem Mann zu gefallen». Sie nennt seine Theorie von der Ungleichheit der Geschlechter, die noch für viele Generationen von Pädagogen und Juristen Programm sein sollte, «ungereimte Chimären». Gerade weil sie der Erziehung für die Ausbildung von Vernunft und Moral und den Fortschritt der Gesellschaft einen so hohen Stellenwert beimaß, bestand sie darauf, dass Jungen und Mädchen die gleiche Erziehung genießen sollten, nicht zur Hebung der Moral oder zum allgemeinen Wohl, sondern als Menschenrecht. Sie kritisierte die Herrschaft des Mannes als «Tyrannei» – dahinter stand, ebenso wie in späteren «Rückforderungen» (*vindication*) der Frauenrechte in der Geschichte der

Frauenbewegungen, der naturrechtliche Gedanke der von Geburt an gleichen Menschenrechte der Frauen, die ihnen unrechtmäßig streitig gemacht werden (vgl. Olympe de Gouges' Frauenrechtserklärung, Art. IV, in dem sie unter dem Recht auf Freiheit fordert, «den Frauen zurückzugeben, was ihnen zusteht», vgl. auch die amerikanische Erklärung der Frauen von Seneca Falls 1848). Im Gegensatz zu de Gouges war Wollstonecrafts leitendes Rechtsprinzip jedoch nicht «Gleichheit», sondern das Recht der Frauen auf Unabhängigkeit und Selbstbestimmung. Denn sie schien die weibliche Bestimmung, ihre «von Natur aus größte Pflicht», «die Pflege der Kinder in ihrem frühesten Alter», nicht antasten zu wollen, betonte dabei aber: «Um eine gute Mutter zu sein, muss eine Frau gesunden Verstand haben ... Die Frauen werden nie die ihrem Geschlecht eigentümlichen Pflichten erfüllen, solange sie nicht aufgeklärte Bürger sind, solange sie nicht frei sind, ihren Unterhalt selbständig zu verdienen, unabhängig von dem Mann, wie es ein Mann von einem anderen ist» (ebd. II, 96/112). D. h., sie beharrte darauf, dass die andere Lebensweise der Frauen anerkannt, berücksichtigt und lebbar wird. Diese Position der Differenz, die an unterschiedliche Geschlechterrollen anknüpft und der wir in der Geschichte der Frauenbewegung noch mehrmals begegnen werden, erschien den Gegnern der Frauenemanzipation immer weniger männerfeindlich, erträglicher, weshalb Wollstonecrafts Bekenntnis zum Mann als «Gefährten» oft zitiert wurde, jedoch auch irritiert hat: «Ich liebe den Mann als meinen Gefährten. Aber seine Herrschaft, sie sei rechtmäßig oder angemaßt, erkenne ich nur an, wenn seine Vernunft mir Hochachtung gebietet: und selbst dann unterwerfe ich mich nur der Vernunft, nicht dem Mann» (ebd. I, 87).

Ohne Zweifel ist Wollstonecrafts Text, der in der Geschichte der Frauenbewegung als Klassiker, als eines der frühesten Manifeste des neuzeitlichen Feminismus gilt, heute schwer zu lesen. Übersetzer, z. B. Salzmann 1793/94, haben ihre eigenen Kommentare und Stellungnahmen eingebracht. «Man stoße sich nicht an diesen starken Ausdrücken ... man wird finden, dass es die Verfasserin nicht so bös meint. Sie verwirft nicht die

Abhängigkeit des Weibes vom Manne. Denn wie könnte sie das?» (zit. n. ebd. II, 35)

Vor diesem Hintergrund paternalistischen Wohlwollens und unverbesserlicher Rückständigkeit in den deutschen Verhältnissen ist schließlich ein weiterer Schriftsteller und «Sachwalter der Weiberwelt» zu erwähnen, der im Aufbruch der Französischen Revolution für die Frauen Partei ergriff: der Jurist, Freund und Tischgenosse Kants und hohe preußische Staatsbeamte (u.a. Oberbürgermeister von Königsberg) *Theodor Gottlieb von Hippel* (1741–1796). Seine 1792 zunächst anonym erschienene Schrift *Über die bürgerliche Verbesserung der Weiber* – in Anlehnung an das 1781 erschienene Buch *Über die bürgerliche Verbesserung der Juden* von Christian Wilhelm Dohm, deren rechtliche Emanzipation in Frankreich mit der Revolution möglich wurde – nahm die aus dem fernen Königsberg offensichtlich mit großer Sympathie verfolgten Ereignisse in Frankreich zum Anlass, sich mit äußerst radikalen Rechtforderungen in den Gelehrtenstreit über die Gleichberechtigung der Frauen in Staat und Gesellschaft einzumischen. Gut informiert, kommentierte er das Auftreten «einer edlen Französin» vor der Nationalversammlung, vermutlich von Etta Palm d'Aelders, und fragte in deutlicher Anspielung auf Rousseaus Geschlechtertheorie: «Und Männer! Ihr wollt glauben, eine halbe Welt wäre zu eurem *bon plaisir*, zu eurem ... Eigenwillen da? ... zu einer Zeit, da die Menschenrechte laut und auf den Dächern gepredigt werden?» Er antwortete auf diese rhetorischen Fragen im Sinne Kants und dessen berühmter Erwiderung auf die Frage *Was ist Aufklärung?*: «Die Zeiten sind nicht mehr, um das andere Geschlecht überreden zu können, dass eine Vormundschaft wie bisher für dasselbe zuträglich sei, dass sie seinen Zustand behaglicher und sorgloser mache.» In dem ausführlichen Kapitel «Verbesserungsvorschläge» liest man deshalb so moderne Einwände wie: «Ist Erziehung bloß eine Pflicht der Mutter, oder liegt sie nicht auch dem Vater ob?» Um dann sehr grundsätzlich zu fordern: «Wär' es dem Staate Ernst, die große und edle Hälfte des Menschengeschlechts seiner Bürger nützlich zu beschäftigen; fühlte er die große Verpflichtung, diejenigen, welche die Natur gleich machte, auch nach Gleich und Recht zu behandeln, ihnen ihre Rechte und mit diesen persönliche Freiheit und Unabhängigkeit, bürgerliches Verdienst und bürgerliche Ehre wiederzugeben; öffnete er den Weibern Kabinette, Dikasterien (die Ämter der römischen Kurie, sic!), Hörsäle, Comptoire und Werkstätten … so würden Staatswohl und Staatsglückseligkeit sich überall mehren» (Hippel 1792, 119; 341 f.).

Hippel, der vorher schon durch eine mehrfach aufgelegte Abhandlung *Über die Ehe* (zuerst 1774) und zahlreiche andere Schriften ein namhafter Autor war, ist zu seiner Zeit durchaus ernst genommen worden und hat unter Befürwortern und Gegnern eine breite Diskussion ausgelöst. Gegenüber seiner hohen Meinung vom «schönen Geschlecht» gefiel es seinen Kritikern, z. B. Johann Gottlieb Fichte, spöttisch darauf hinzuweisen, dass Hippel Junggeselle war. Trotzdem ist seine Streitschrift kaum als «Gründungstext» in die Geschichte der deutschen Frauenbewegung eingegangen. So hat sich etwa Amalie Holst, eine der zu jener Zeit bekanntesten deutschen Autorinnen, in ihrem Buch *Über die Bestimmung des Weibes zur höheren Geistesbildung* (1802) deutlich von diesem «Revolutionsprediger» distanziert. Wie die meisten ihrer Zeitgenossen fürchtete sie, dass «eine solche Umwälzung in den bürgerlichen Verhältnissen» wie die Zulassung von Frauen zu Staatsämtern «viel Verwirrung hervorbringen möchte» (zit. n. Weckel 2000, 222). Auch Gertrud Bäumer, die 100 Jahre später in ihrem groß angelegten *Handbuch der Frauenbewegung* zwar Hippel ein einleitendes Kapitel widmete, hat seine geringe Wirkung und Überzeugungskraft seinem anekdotischen Stil, seinen launigen und ironischen Anspielungen angelastet. Ein «lachender Philosoph» war, wie sie schreibt, wenig geeignet, für seine Ideen Jünger zu gewinnen (Bäumer 1901, 12 f.). Dabei hatte Hippel in seiner Einleitung ausdrücklich das «lächerlich Machen» als «strengsten Beweis der Wahrheit» eingesetzt und als Methode ausführlich erörtert, weil es sich, wie er im Blick auf die Unrechtsstellung der Frauen zeigt, um Wahrheiten handelte, über die man eigentlich weinen müsste.

In allen hier genannten Interventionen wird deutlich, dass die

Diskurse um Menschenrechte und um Feminismus von Anbeginn zusammengehören. Beide waren und bleiben internationale Diskurse. Es wird sich zeigen, dass sie in den philosophischen und politischen Debatten der nächsten 200 Jahre immer wieder aufflammen und bestimmend werden, weil ihre Anliegen nicht erledigt sind. Damit ist ein Grundton im Geschlechterkonflikt angeschlagen. Zugleich wird ein Dilemma oder ein Widerspruch offenbar, der den neuzeitlichen Feminismus bis heute begleitet. Es ist die Schwierigkeit, für die Gleichheit mit dem Mann zu streiten und doch nicht Mann sein zu wollen, oder anders gesagt, das Dilemma, die Zwänge und Zumutungen traditioneller Weiblichkeit und Geschlechterrollen abzulehnen, jedoch Frausein, Mütterlichkeit, d.h. weibliche Erfahrungen und Orientierungen, trotzdem zum Ausgangspunkt für eine emanzipatorische Politik und gleiche Staatsbürgerrechte zu machen. In Rechtsbegriffen ausgedrückt, ist es das scheinbare Paradox, auf dem Recht auf Gleichheit und gleichzeitig der Berücksichtigung und Anerkennung von Differenzen zu bestehen. Weil diese Schwierigkeit in Wollstonecrafts selbstbewussten Forderungen nach Gleichheit auch angesichts weiblicher Differenz am deutlichsten zum Ausdruck kommt, sprechen Feministinnen heute vom «Wollstonecraft-Dilemma» (Patemann 1989). Doch in der Frage, wie viel Gleichheit und wie viel Differenz zu mehr Geschlechtergerechtigkeit führen, schieden sich fortan immer wieder die Geister in Frauenbewegung und Politik.

Auswirkungen und Ende der Revolution

Es bleibt nachzutragen, was aus der Französischen Revolution und dem so viel versprechenden Aufbruch der Frauen zu selbstbestimmter Freiheit und Gleichheit geworden ist: Mit der Hinrichtung Olympe de Gouges', der Madame Roland, der Königin Marie-Antoinette und zahlloser anderer im Herbst 1793 war die Revolution im Terror untergegangen. Ein Dekret der Revolutionsregierung im Dezember 1793 nannte die Schreckensherrschaft «den Krieg der Freiheit gegen ihre Feinde». Die antifeministische, ja misogyne Reaktion der Jakobiner aber hatte sich bereits früher gezeigt, etwa als eine Frauendelegation der Sansculotten, die das Recht, die Kokarde zu tragen, durchsetzen wollte, vom Konvent mit einem Pfeifkonzert empfangen und ausgeschlossen wurde. Die Kokarde war seit Juli 1789 das Symbol der Staatsbürgerschaft, nun galt dieses Abzeichen für Frauen als «unschicklich», «schamlos», «sittenwidrig». Deshalb wurden Ende Oktober 1793 alle Frauenclubs verboten und später sogar jegliche Beteiligung von Frauen an politischen Versammlungen untersagt. Gleichzeitig wurden viele der neu gewonnenen Rechte wieder eingeschränkt. In den verschiedenen Gesetzentwürfen, die seit 1795 das neue Zivilgesetzbuch vorbereiteten, wurden nun wieder die weiblichen Tugenden und die besonderen häuslichen Pflichten zur Begründung der Einschränkung der Frauenrechte angeführt. «Man hat lange über den Vorrang oder die Gleichheit der beiden Geschlechter gestritten. Nichts ist unsinniger als ein solcher Streit ... Die Natur hat sie verschieden gemacht ... (und) liegt ihren Rechten und Pflichten zugrunde», räsonierte einer der Verfasser des Napoleonischen Zivilgesetzbuches, Jean-Etienne-Marie Portalis, ganz im Stil Rousseaus. Tatsächlich gipfelte der reaktionäre Patriarchalismus der bürgerlichen Revolutionäre in der Kodifikation des französischen Code civil, der 1804 in Kraft trat und überall in Europa als Meisterleistung liberaler Gesetzgebungskunst gepriesen wurde. Jedoch zeichnete sich sein Familienrecht, das in Frankreich im Wesentlichen bis zum Zweiten Weltkrieg in Kraft blieb, durch besondere Härte aus, da es die Ehefrau bei allen Rechtsgeschäften, auch im Verhältnis zu ihren Kindern, der Herrschaft und Gewalt des Mannes unterwarf. Ungleich waren auch die Voraussetzungen für eine Ehescheidung. Bis 1938 aber hatten nicht in der Ehe geborene Kinder, wenn der Vater sie nicht anerkannte, keinerlei Ansprüche und Rechte. Damit fiel das französische Zivilgesetzbuch hinter viele Rechtserrungenschaften sogar des Ancien Régime zurück und hat – wie die Rechtshistorikerin Marianne Weber kritisch anmerkte – «die Züge des mittelalterlichen Patriarchalismus am reinsten und längsten bewahrt» (Weber [1907] 1971, 318).

2. Die Freiheitsbewegungen um die 1848er Revolution

Für die Geschichte Deutschlands und seinen holprigen Weg zu einer demokratischen Verfassung ist die 1848er Revolution ein markantes Datum. Das gilt auch für die Geschichte der deutschen Frauenbewegung, die sich um 1848 zum ersten Mal zu einer sozialen Bewegung formierte und an der Herstellung der neuen politischen Öffentlichkeit beteiligt war, indem sie ihre eigenen frauenspezifischen Interessen und Unrechtserfahrungen zur Sprache brachte. In der langen Phase politischer Restauration zwischen dem Wiener Kongress 1815 und den Märzereignissen hatte sich der Um- und Aufbruch in allen Bereichen des wirtschaftlichen, gesellschaftlichen und kulturellen Lebens aufgestaut. Unter den Bedingungen der seit 1819 geltenden Karlsbader Beschlüsse, der Pressezensur und staatlicher Überwachung aller Vereine, «deren Zweck und Geschäfte der gemeinsamen Ruhe, Sicherheit und Ordnung zuwiderliefen», entwickelte sich dennoch eine Vielfalt von Vereinigungen und Assoziationen als neuer Typ sozialer Organisation, die, oft als Museumsvereine, Lesegesellschaften, Turnvereine, Liederkränze oder Wohltätigkeitsvereine getarnt, dem Liberalismus als einer gesamtdeutschen Bewegung den Weg bereiteten. Doch erst nachdem die Not der neuen proletarischen Schichten, akute Hungerkrisen und Pauperismus die demokratische Frage auch als soziale Frage stellten, kam die Revolution zum Durchbruch, und zwar fast gleichzeitig in allen Staaten des Deutschen Bundes und darüber hinaus, als ein europäisches Ereignis. Wiederum hatte Paris im Februar 1848 den Anfang gemacht, es folgten Volkserhebungen und Straßenkämpfe im März in Berlin und Wien, in Mailand, Venedig, Mainz, Lemberg und Prag, um nur einige Orte zu nennen. Es war ein Volksaufstand, der im Bau von Barrikaden gipfelte, jedoch seine Hauptziele nicht aus den Augen verlor: Presse- und Versammlungsfreiheit, freie

Gerichtsbarkeit, die Vertretung und Beteiligung des Volkes und die Garantie dieser Rechte in der Verabschiedung einer zugleich die Einheit der Nation tragenden Verfassung.

Überall waren Frauen an diesem «Aufbruch zur Freiheit» beteiligt, in einer Minderheit, gewiss, aber neben den Barrikadenkämpferinnen, die nun plötzlich zu Heldinnen stilisiert wurden, weil sie weibliche Wehrhaftigkeit unter Beweis gestellt hatten und damit ihren Anspruch auf gleiche Staatsbürgerrechte, gab es neue Gelegenheiten, die bisherigen Geschlechtergrenzen zu überschreiten und eine zum Teil subversive und eigenständige Frauenöffentlichkeit herzustellen.

Frauen in der neuen politischen Öffentlichkeit

Auf verschiedenen Wegen hatten sich Frauen in die Opposition der Vormärzbewegung Zutritt verschafft, unter dem Diktat der Zensur und des Versammlungsverbots zunächst versteckt, in anonymen Leserzuschriften, in Liederkränzen und Museumsgesellschaften und als Gefährtinnen einer vormärzlichen Festkultur. Im Zuge der gewaltigen sozioökonomischen Umwälzungen sind gleichzeitig auch andere als bürgerliche Öffentlichkeiten gelebt worden. So boten nun das «Gassensitzen» handarbeitender Frauen der Unterschichten, «Katzenmusiken» und Brotkrawalle einen Raum für Tumulte und politischen Protest, der den lokalen Obrigkeiten vor 1848 zunehmend gefährlich wurde, weil damit eine kleinbürgerlich-proletarische Gegenöffentlichkeit ihren Unmut über den Gang der politischen Ereignisse deutlich machte (Lipp 1986). Wohin das Elend führen konnte, hat schließlich der Aufstand der schlesischen Weber allen vor Augen geführt.

Eine wichtige Quelle neuen weiblichen Selbstbewusstseins waren Ideen, die, wiederum zuerst in Frankreich ausgesprochen und von dort herübergeweht, die Gemüter erhitzten: der Saint-Simonismus oder Frühsozialismus.

In Paris war 1832, als der Julirevolution schon wieder neue Repressionen folgten, eine von drei Frauen verantwortete Zeitung erschienen unter dem Titel *La Femme libre*. Das war Aufsehen erregend und skandalös zugleich. Darin hieß es: «In einer Zeit, da alle Völker sich im Namen der Freiheit auflehnen und der Proletarier seine Freiheit fordert, sollten wir Frauen da etwa passiv bleiben …? Bis jetzt wurde die Frau ausgebeutet und tyrannisiert. Diese Tyrannei, diese Ausbeutung muss aufhören. Wir werden frei geboren wie der Mann, und die Hälfte des Menschengeschlechts darf nicht ungerechterweise der anderen unterworfen sein» (zit. n. Grubitzsch/Lagpacan 1980, 62). Die Anknüpfung an die Diktion und Aussage der Frauenrechtserklärung der Olympe de Gouges ist offensichtlich. Die drei Frauen, *Désirée Véret*, *Marie-Reine Guindorf* und *Jeanne-Victoire Jacob* (dahinter verbarg sich Jeanne Deroin, siehe S. 43), die lediglich mit ihren Vornamen unterschrieben und von denen wir zum Teil nicht einmal die Lebensdaten kennen, waren Arbeiterinnen, Schneiderinnen und Stickerinnen, die wie andere begabte Frauen um 1830 in den Kreis der Saint-Simonisten geraten waren, weil hier in Abkehr von bürgerlichen Moralvorstellungen die Gleichstellung von Mann und Frau nicht nur denkbar, sondern propagiert wurde. Früh wurde hierbei der Gedanke der Befreiung der Frau mit der Befreiung des Proletariers verknüpft – ein Programm, das wenig später von der Frühsozialistin *Flora Tristan* (1803–1844) in ihren Reiseberichten und Schriften zur Frauenemanzipation fortgeführt und mit großem persönlichen Einsatz politisch gelebt wurde. In ihrem Hauptwerk *Die Arbeiterunion* aus dem Jahr 1843 begründete Tristan das Recht auf Arbeit, gerade auch der Frauen, und entwickelte mit ihren Vorschlägen zur Organisation der Arbeit fünf Jahre vor der Veröffentlichung des *Kommunistischen Manifests* 1848 von Karl Marx eine sozialistische Gesellschaftstheorie. Stark beeinflusst waren diese Frühsozialistinnen und Saint-Simonisten auch von Charles Fourier (1772–1837), der in seiner 1808 veröffentlichten *Theorie der vier Bewegungen* bereits einen Maßstab für «das Geheimnis sozialen Glücks» genannt hatte. Danach war «der Grad der weiblichen Emanzipation», die Erweiterung der Rechte der Frauen, die allgemeine Grundlage für sozialen Fortschritt, oder wie Marx und Engels zitierten, «das natürliche Maß der allgemeinen Emanzipation» (MEW II, 208).

Der Sozialphilosoph Claude-Henri Saint-Simon (1760–1825) hatte eine Gesellschaftstheorie des «Industrialismus» entworfen, in der Arbeit im weitesten Sinne die Basis einer Gesellschaft ohne Ausbeutung des Menschen durch den Menschen sein sollte. Bei der notwendigen Umorganisation der Gesellschaft sollten nicht mehr die parasitären Stände wie der Adel oder Rentiers, sondern die Tätigen («les industriels») tonangebend sein. Erst seine Schüler, insbesondere Prosper Enfantin, entwickelten aus diesen sozialistischen Utopien eine Schule und eine neue «Religion der Liebe», mit der die Befreiung und Gleichberechtigung der Frau und ein neues Moralgesetz gepredigt wurden, das nicht zuletzt sexuelle Befreiung, in der Sprache der Zeit die «Emanzipation des Fleisches», meinte. Dieser Angriff auf die herrschende Moral und ihre Institutionen, insbesondere die Ehe, hat weit über die Grenzen Frankreichs hinaus schockiert. Bezeichnend ist, dass insbesondere in der deutschen Rezeption, z. B. in der Berichterstattung Heinrich Heines in seinen *Briefen aus Paris*, vor allem die «lustige Sinnentummelei» den Gesprächsstoff lieferte.

Gleichzeitig aber hat die Literatur des *Jungen Deutschlands*, einer liberalen Opposition, die wegen ihrer literarischen Kritik an den politischen Verhältnissen oftmals in die Emigration gezwungen wurde (z. B. Heinrich Heine, Ludwig Börne oder Georg Büchner), eine vermittelnde Rolle gespielt. Eine ihrer weiblichen Kultfiguren war *George Sand*, das Pseudonym für Amandine-Aurore-Lucie Gräfin Dudevant (1804–1876), deren zahlreiche Romane auch in deutscher Übersetzung gelesen wurden. Wegen ihrer exzentrischen, jede Konvention missachtenden Lebensweise, in Männerkleidung und Zigarren rauchend, aber auch wegen ihrer vielfältigen Liebesabenteuer avancierte sie zum Prototyp und zugleich zum Schreckbild emanzipierter Weiblichkeit – eine aus Sicht anderer Vorkämpferinnen durchaus ambivalente Modernität. Daneben sorgten aber auch deutsche Schriftstellerinnen im Lesepublikum für Irritation. Anders als die Romantikerinnen, die in ihren Salons die Fesseln weiblicher Individualisierung und Verstandesbildung für sich selbst, als Ausnahmefrauen, zu sprengen versuchten, entdeckten die

Schriftstellerinnen des Vormärz ein weibliches «Wir» und meinten mit ihrer «Emanzipation der Herzen» – so das Konzept einer nicht auf die Konvenienz-Ehe gegründeten Liebe – auch die Geschlechterverhältnisse als gesellschaftliche Verhältnisse verändern zu können. Zu ihnen gehörten Luise Mühlbach, Ida Hahn-Hahn oder Louise Aston und Fanny Lewald. In seiner Literaturgeschichte zur Gegenwart musste Robert Prutz 1858 daher einräumen: «Die Frauen sind eine Macht in der Literatur geworden; gleich den Juden begegnet man ihnen auf Schritt und Tritt ... ja auf manchen Gebieten, wie z. B. im Roman, haben sie sogar entschieden die Oberhand» (zit. n. Möhrmann 1977, 2).

In einem ihrer ersten politischen Artikel, der 1843 unter dem Titel «Das Verhältnis der Frauen zum Staate» in den *Sächsischen Vaterlandsblättern* als Antwort auf eine Anfrage des Herausgebers Robert Blum erschien, hatte auch *Louise Otto* (1819–1895) betont: «Die politische Poesie hat die deutschen Frauen aufgeweckt.» Sie bezog sich dabei auf Hoffmann von Fallersleben, Georg Herwegh und andere, die seit 1842 erneut unter scharfer Zensur standen, weil ihre Lieder – so der preußische Innenminister – «Missvergnügen über die bestehende Ordnung der Dinge hervorrufen». Neben Tendenzromanen war somit die Poesie ein verstecktes Ausdrucksmittel, mit dem sich auch Frauen zu Wort meldeten. Metaphorisch war da die Rede von «Märzveilchen», die nur schüchtern zum Vorschein kommen (Kathinka Zitz), oder von «Wilden Rosen ... in der Freiheit wilder Pracht» (Louise Aston) und immer wieder vom «Lenz, der befreit» oder «Lenz muss es werden – werden gar bald» (Louise Otto). Die Gedichtsammlung *Lieder eines deutschen Mädchens*, 1847 erschienen, hat Louise Otto im Vormärz als «Lerche des Völkerfrühlings» bekannt gemacht. Als politische Aktivistin über die Grenzen Sachsens hinaus aber profilierte sie sich erst mit der *Adresse eines Mädchens* vom 20. Mai 1848, einer Eingabe an die in den Märzunruhen berufene liberale Regierung Sachsens und die von ihr eingesetzte erste Arbeiterkommission. Die Adresse wurde in der *Leipziger Arbeiter-Zeitung* veröffentlicht und in vielen Zeitungen nachgedruckt und machte sie von nun an zu einer prominenten Mitstreiterin der sich formierenden Arbeiterbewegung, die sich 1848 in der «Arbeiterverbrüderung» einen ersten nationalen Dachverband schuf. Louise Otto mahnte «die Herren, die zur Prüfung und Regelung der Arbeitsverhältnisse berufen sind», unmissverständlich, wenn auch in der Form ausgesprochen vorsichtig – «nicht trotzdem, sondern weil ich ein Weib bin» –, «bei der großen Aufgabe unserer Zeit», bei der Organisation der Arbeit für die Männer, die der Frauen nicht zu vergessen. Gleichzeitig richtete sie ihren Appell «an die große Schar der Arbeiter», auch die Interessen ihrer «Frauen, Schwestern, Mütter und Töchter, so gut wie ihre eigenen» zu vertreten (*Leipziger Arbeiter-Zeitung* 1848/4).

Louise Otto, in einem bildungsbürgerlichen Haus in Meißen (Sachsen) aufgewachsen, sehr früh alleinstehend, nur durch ein schmales Erbe versorgt, wusste, wovon sie sprach. Sie hatte die soziale Not der Arbeiterfamilien, insbesondere der Heimarbeiterinnen in der Textilindustrie, auf ihren Reisen ins Erzgebirge, nach Thüringen und Westfalen aus unmittelbarer Anschauung kennen gelernt (berühmt wurden z. B. ihr «Weberlied» oder das Gedicht «Klöpplerinnen»). Einer ihrer ersten Romane, *Schloß und Fabrik*, wurde wegen seines sozialkritischen «bedenklichen Inhalts» 1846 von der Zensurbehörde konfisziert. Als «rote Demokratin» (Ernst Bloch), die ihr soziales und politisches Engagement für die Arbeiter von Anbeginn mit der Frauenfrage verband, wird sie deshalb auch in der Geschichte der Arbeiterbewegung verehrt. Mit der Herausgabe einer *Frauen-Zeitung* unter dem Motto «Dem Reich' der Freiheit werb' ich Bürgerinnen» im April 1849, die eine politische Mobilisierung in Gang setzte, wurde sie zur Wortführerin oder auch «Mutter» der ersten Frauenbewegung in Deutschland (vgl. Gerhard 1990a, 42 ff.).

Die *Frauen-Zeitung* als Sprachrohr einer ersten Frauenbewegung

Die ersten beiden Jahrgänge der *Frauen-Zeitung* von Louise Otto, die vom 21. April 1849 bis zu ihrem Verbot 1850 wöchentlich erschien, dokumentieren mit ihren politischen Kommentaren, Berichten, politischen Essays und Aufrufen das Entstehen einer ersten sozialen und politischen Bewegung von Frauen, die gleichzeitig Teil der demokratischen Bewegung war. Denn ihr erstes Ziel war Freiheit, Selbstbestimmung und ein einiges Deutschland. Erst im Verlauf der politischen Ereignisse erkannten sie die Notwendigkeit, sich selbst als Frauen zu organisieren. Die zahlreichen, zum Teil nur mit einem Vornamen unterschriebenen Zuschriften auch aus entfernteren Regionen wie Ostpreußen, Oberschlesien oder Schleswig und die im sog. *Blick in die Runde* übermittelten Nachrichten sind ein Beleg für die vielfältigen Aktivitäten, Vereinsgründungen und weit verzweigten Netzwerke, die eine solche Bewegung kennzeichnen. Sie legen Zeugnis ab für die Bewusstwerdungsprozesse vieler Einzelner, die mit der Erkenntnis, dass ihr Schicksal kein individuelles, sondern ein gesellschaftliches, geschlechtsspezifisches war, Mut zur Einmischung in die Verhältnisse schöpften. Die zumeist bürgerlichen Schreiberinnen waren sich einig, dass «die Erziehung», vor allem «die Redensart von der weiblichen Bestimmung» schuld daran sei, dass die Frauen «nur hinter verschlossenen Türen von der Freiheit flüstern» (*Frauen-Zeitung* 1850/2).

Hatte man in der Zeit des *Hambacher Festes* 1832 die demonstrative Beteiligung «der deutschen Frauen und Jungfrauen» noch als Dekor interpretieren können – «Kommet und schmücket die Versammlung durch eure Gegenwart»! –, so erschöpfte sich ihre Teilnahme in den Kämpfen der 1848er Revolution eben nicht mehr in der Zuschauerrolle oder in typisch weiblichen Fürsorge- und Hilfsdiensten. «Da ist es nicht getan mit Charpie-Zupfen, Verwundete pflegen, Kleidernähen und Kochen für das Heer», lesen wir in der *Frauen-Zeitung* vom 21. Juli 1849 über die aktive Beteiligung der Frauen im Volksaufstand in Ungarn. Immer wieder wird darüber berichtet, wie Frauen Hand anlegten, Barrikaden bauten, auch gelegentlich zu den Waffen griffen. Und doch waren die aktiven Kämpferinnen oder so prominente Freischärlerinnen wie Emma Herwegh, Amalie Struve oder Mathilde Franziska Anneke Ausnahmeerscheinungen, die besondere Aufmerksamkeit erlangten und doch gleichzeitig in vielfältigen Karikaturen und Kommentierungen denunziert, der Lächerlichkeit preisgegeben wurden. Solche Grenzüberschreitungen mussten offenbar unverzüglich geahndet werden, wie das exemplarisch harte Urteil über die Barrikadenkämpferin Pauline Wunderlich zeigte, die zu lebenslang Zuchthaus verurteilt wurde (*Frauen-Zeitung* 1850/12). «Wir kämpfen mit anderen Waffen», betonten die Schreiberinnen denn auch und wussten, Überzeugungsarbeit war insbesondere auch unter den eigenen Geschlechtsgenossinnen zu leisten. Beklagt wurden der «Indifferentismus» und die «Bequemlichkeit» vieler Frauen sowie der «Kastengeist» der oberen Stände. Deutlich Partei ergriffen aber wurde für die «armen Arbeiterinnen», die Dienstboten, die Stickerinnen und Strickerinnen, die mühsam in Heimarbeit ihr Leben fristeten, die «Schneidermamselln», die trotz Einführung der Gewerbefreiheit (in Preußen 1810, in Sachsen erst 1861) nun von den Innungen vom selbständigen Betrieb eines Handwerks ausgeschlossen wurden.

Frauen nutzten aber auch Widerstandsformen, deren politische Bedeutung nicht ohne Weiteres erkennbar war, weil sie dem Alltagsleben entstammten. Dazu gehörten Farben und Abzeichen, das Tragen von Trauerkleidern «um das Vaterland», rote Nelken oder rote Schals, symbolische Handlungen, die in der frühen Arbeiterbewegung zur Tradition wurden, wie das Schmücken von Gräbern der Freiheitskämpfer. Dass sich die politische Opposition in diesen Alltäglichkeiten eine Gegenöffentlichkeit schuf, die den Regierungen gefährlich erschien, wird an den scharfen Repressionen deutlich. Wiederholt wurden Frauen für das «Demonstrationsmachen» und für die Unterstützung der «Aufrührer» mit Gefängnis bestraft. Und schließlich wurde da von einem «Aufruf zum Frauenstreik» berichtet, der in mehreren Zeitungen abgedruckt wurde und an die List der Lysistrata erinnert. Württembergische Frauen forderten ihre Geschlechtsgenossinnen auf, nie einem «Söldner oder Fürstenknecht … die Hand am Altar zu reichen» oder Tanzfeste der Regierenden zu sabotieren (*Frauen-Zeitung* 1849/6).

Die Verweigerung der Ehe als Ausdruck politischen Bewusstseins erscheint wie ein hilfloser Akt, und doch wurden damit die existenziellen Unrechtserfahrungen der Frauen zur Sprache gebracht, die die durchweg patriarchale Geschlechterordnung in den unterschiedlichen Eherechtssystemen um die Mitte des 19. Jahrhunderts kennzeichnete – mit nur geringfügigen Unterschieden in den verschiedenen im Deutschen Bund geltenden Rechtsquellen, etwa dem Code civil, dem Preußischen Allgemeinen Landrecht (ALR), den unterschiedlichen Regelungen des sog. Gemeinen Rechts oder in den verschiedenen Stadtrechten: Überall war die Rechtslage durch Bevormundung, Eigentumslosigkeit und persönliche Abhängigkeit der Ehefrau und Mutter gekennzeichnet, war sie rechtlos selbst im Verhältnis zu den eigenen Kindern. Wie schon in der Französischen Revolution stellte sich die Analogie zwischen Fürstenherrschaft und Ehejoch wie von selbst her. «Der Mann ist der Fürst des Weibes, der absolute Monarch … nicht einmal die Scheinrechte der konstitutionellen Phraseologie sind auf das Weib anwendbar», geißelte *Louise Dittmar* (1807–1884) in ihrer ebenfalls 1849 herausgegebenen Zeitschrift *Soziale Reform* die ehelichen Verhältnisse ihrer Zeit und thematisierte den engen Zusammenhang zwischen privater und politischer Gewalt (zit. n. Möhrmann 1977, 64). Ihre Zeitschrift konnte nur in vier Nummern erscheinen, offensichtlich war es zu früh für ihre feministische Radikalität. Doch sie sprach ein Grundübel an, das unzählige Lebensgeschichten dieser Zeit bestimmte.

Daher setzte das Auftreten in der Öffentlichkeit bzw. die politische Mobilisierung Einzelner in der Regel erst die persönliche Befreiung aus privaten Zwängen, zumindest ökonomische Unabhängigkeit voraus. Das zeigt auch der Fall der *Louise Aston* (1814–1871), der deutschen George Sand, deren scharfe Ehekritik und freies, selbstbestimmtes Liebesleben im Preußen des Vormärz nicht nur zu einem «öffentlichen Ärgernis», sondern zu einem politischen Skandal aufgebauscht wurde und zu ihrer

Ausweisung sowie für den Rest ihres Lebens zu Verfolgung und Vertreibung führte. Warum hierbei Privates zum Politikum wurde, stellte sie in ihrer Rechtfertigungsschrift von 1846 klar: «Ich kann ein Institut (die Ehe) nicht billigen, das mit der Anmaßung auftritt, das freie Recht der Persönlichkeit zu heiligen, ihm eine unendliche Weihe zu erteilen, während nirgends gerade das Recht mehr mit Füßen getreten und im Innersten verletzt wird» (Goetzinger 1983, 61).

Frauenvereine

Die *Frauen-Zeitung* entwickelte sich von einem Sprachrohr für vereinzelte Schreiberinnen zu einem Medium der Mobilisierung und einem Organ für Fraueninteressen. Die wichtigste Information, die wir dieser Quelle entnehmen können, betrifft die große Zahl von Vereinsgründungen, die um 1848 überall im Land, in den größeren Städten des Deutschen Bundes und darüber hinaus zur Organisation und Durchsetzung frauenspezifischer Anliegen entstanden. «Assoziation für alle» war das Zauberwort, das nun auch die Frauen beflügelte und ihre Interessen bündelte. Gewiss hatte es auch schon vor dem «März» Frauenvereine in Deutschland gegeben, insbesondere in den Befreiungskriegen gegen Napoleon hatten sich aus patriotischer Gesinnung Lazarett- und Wohltätigkeitsvereine von Frauen gebildet. Ihre Aktivitäten aber verblieben im Muster tradierter Geschlechterrollen. Neu an den Vereinigungen um 1848 waren ihre politische Zielsetzung und ihr demokratischer Anspruch, auch wenn dieser mehr oder weniger deutlich artikuliert wurde.

Ein Sammelbecken für die weibliche politische Opposition waren die *Demokratischen Frauenvereine,* meist mit dem Zusatz *zur Unterstützung hilfsbedürftiger Familien.* Auf den ersten Blick wirkten sie wie traditionelle Wohltätigkeitsvereine und nutzten dies mit zunehmender Behinderung auch als Tarnung. Sie nahmen jedoch mit ihrer praktischen Hilfe eindeutig Partei für die Aufständischen, die «Freiheitskämpfer», später für die politisch Verfolgten und Flüchtlinge sowie deren Familien. Sie organisierten ihre Hilfe durch Vereinsbeiträge und Spenden, die durch öffentliche Veranstaltungen wie Konzerte, Bazare oder Bankette aufgebracht wurden, und unterlagen mit dem Erstarken der Reaktion zunehmend Repressalien, schließlich dem Verbot. Besonders rührig bei der Hilfe für politisch Verfolgte war zum Beispiel der *Mainzer Frauenverein Humania*, der auf dem Höhepunkt seiner Aktivitäten unter seiner Präsidentin *Kathinka Zitz-Halein* (1801–1877) 1700 Mitglieder zählte. Der *Wiener demokratische Frauenverein*, der nur wenige Monate, bis zur Restauration der Monarchie bereits im Oktober 1848, unter der Führung von *Karoline Perin* (1806–1888) agierte und großes Aufsehen und den üblichen konservativen Spott auf sich zog, definierte in seinen Statuten dreifache Aufgaben: 1. Politische Bildung, um das demokratische Prinzip in allen weiblichen Kreisen zu verbreiten; 2. soziale Gleichberechtigung der Frauen durch Gründung öffentlicher Grundschulen und höherer Bildungsanstalten und 3. Hilfe für die Opfer der Revolution (Hummel-Haasis 1982, 247 f.). Ähnlich erging es dem *Berliner demokratischen Frauenverein* und seiner Vorsitzenden *Lucie Lenz*, über den und über die von Anbeginn mehr satirische Flugblätter, Häme und Karikaturen verbreitet wurden als Informationen – er wurde bereits im November 1848 wie alle anderen politischen Vereine verboten. Lucie Lenz aber war – dies zeigen späte Enthüllungen ihrer abenteuerlichen Lebensgeschichte (vgl. Paletschek 1998) – nicht nur eine demokratische Oppositionelle, sondern auch eine schillernde Person, Hochstaplerin und Spionin, die auch den staatstragenden Kreisen in Preußen zu Diensten war.

Grundsätzlich zeichneten sich die demokratischen Frauenvereine in Mannheim, Heidelberg, Konstanz und anderen Städten Badens oder in Chemnitz, Mittweida und Oederan in Sachsen – und diese Aufzählung ist so unvollständig wie die historischen Quellen – durch ihre demokratische Struktur und politische Zielsetzung aus. Betont wurde das Selbstvertretungsrecht und dass es sich um «Frauen aus dem Volke» handelte, schlichte Bürgerinnen, Arbeiterinnen, Bäuerinnen, die nach allen Erfahrungen und «wenn die Zeiten gewaltsam laut werden», das Bedürfnis fühlten, «mit den Männern nach dem Ziele der Freiheit zu ringen» (*Frauen-Zeitung* 1849/1).

Viele der besonders engagierten Frauen hatten die Erfahrung gleichberechtigter Mitwirkung in jener Zeit zum ersten Mal in den *freien religiösen Gemeinden* gemacht, einer religiösen Oppositionsbewegung, die seit dem Beginn der 1840er Jahre gegen Dogmen, Priestertum und römisches Papsttum opponierte und zu denen sowohl Deutschkatholiken wie Protestanten, die «Lichtfreunde» zählten. In diesen Gemeinden stellten die Frauen fast die Hälfte der Mitglieder. Gerade weil Religion traditionell das Frauenleben bestimmte, spielten Religionskritik sowie die Erfahrung gleichberechtigter Mitwirkung und Anerkennung in dieser Reformbewegung für ihr politisches Bewusstsein und die Mobilisierung in einer Frauenbewegung eine bedeutsame Rolle (Paletschek 1990).

Daneben gab es eine große Zahl von *Frauen-Bildungs- und Erziehungsvereinen*, welche die Frauen befähigen sollten, «nicht nur ihre Pflichten als Hausfrau zu erkennen und zu erfüllen, sondern auch die als Welt- und Staatsbürgerin» (*Frauen-Zeitung* 1849/31). Tatsächlich war der Bildungsstand der Frauen und Mädchen desolat, bot sich jenseits der Elementar- und Volksschulen allenfalls für die Mädchen des Bürgertums der Besuch privater höherer Töchterschulen an, der weniger der höheren Bildung als der Zurichtung auf die ‹weibliche Bestimmung› als Hausfrau und Mutter diente. Bildung als eine wesentliche Voraussetzung für die Demokratisierung der Gesellschaft war darum auch das Konzept der Fröbel'schen Kindergarten-Bewegung, für die sich Frauenvereine engagierten und die sehr bald über das Land verteilt Herde weiblicher Opposition bildeten. Der profilierteste Verein wirkte in Hamburg. Er wurde getragen von der *Hamburger Freien Gemeinde* und einem *Sozialen Verein Hamburger Frauen zur Ausgleichung konfessioneller Unterschiede*, in dem sich die beiden christlichen Konfessionen zusammen mit jüdischen Frauen auf ein ehrgeiziges Projekt verständigten (Paletschek 1990). Die von Emilie Wüstenfeld (1817–1874) zusammen mit Karl Fröbel, dem Neffen des Begründers der Kindergartenpädagogik Friedrich Fröbel, 1849 gegründete *Hamburger Hochschule für das weibliche Geschlecht* versuchte, wissenschaftliche Ausbildung mit pädagogischer Praxis zu verbinden. Doch sie musste wegen fehlender Mittel und interner Streitigkeiten nach nur knapp zwei Jahren ihre Tore schließen. Selbst die Fröbel'schen Kindergärten wurden in Preußen 1851 «wegen destruktiver Tendenzen auf dem Gebiet der Religion und der Politik» verboten.

Schließlich waren auch Arbeiterinnen dem Ruf «Assoziation für alle» gefolgt, zum Beispiel die Strumpfwirkerinnen in Berlin, denn sie mussten erkennen, dass ihre Interessen nicht selbstverständlich von den Männern mitgetragen wurden bzw. nicht mit ihnen identisch waren: «Bei der Organisation der Arbeit zugunsten des einen Teils der Gesellschaft – der Männer – auf Kosten des anderen ... hätten wir ja nur den Herrn gewechselt und wahrlich bei dem Tausche *nichts* gewonnen» (*Frauen-Zeitung* 1849/37). Dies waren Einsichten, hinter die die Arbeiterbewegungen in den 1860er Jahren noch einmal weit zurückfallen sollten. Doch die Arbeiterinnenvereine ereilte das Schicksal aller Arbeiterassoziationen. Sie wurden mit gleicher Härte verfolgt. Sie waren seit der Mitte des Jahres 1850 zunehmenden Repressalien ausgesetzt durch Hausdurchsuchungen, Beschlagnahmungen der Vereinskassen, Verhaftungen der Vorstände und wurden schließlich ganz verboten.

Nach dem März

Tatsächlich sind die genannten Frauenvereine erst im Abschwung der Revolution gegründet worden, quasi als Reaktion auf die immer wieder bestätigte Erfahrung, wonach in den politischen Revolutionen der Neuzeit Frauen als Partner und Gleiche «vergessen» werden oder, wohl richtiger, gar nicht mitgemeint waren. Der Auslöser für die Organisierung ihrer geschlechtsspezifischen Interessen als eigene, autonome Gruppe war somit eine für Feministinnen der Moderne typische Erfahrung: einerseits eingebunden zu sein in die politische Allianz mit Demokraten und die revolutionäre Bewegung mitzutragen, andererseits nicht die Früchte der Revolution zu ernten, von gleichberechtigter Teilhabe und neuen Bürgerrechten ausgeschlossen zu bleiben. Denn spätestens seit der Verkündung der «Grundrechte der Deutschen» durch ein Gesetz der Frankfurter Nationalversammlung im Dezember 1848 war offenbar geworden, dass die erste gesamtdeutsche verfassunggebende Versammlung in der Paulskirche nur die Staatsbürgerrechte der männlichen Deutschen verhandelt hatte. Wählbar und wahlberechtigt sollten nur «männliche Deutsche» über 25 Jahre sein. Es hatte nichts genutzt, dass Frauen nach der Eröffnung der Deutschen Nationalversammlung heftig protestiert und sich wenigstens 200 Zuschauerinnenplätze auf der Tribüne der Paulskirche hatten reservieren lassen. Allerdings sind die Grundrechte, die mit der Verabschiedung einer Reichsverfassung für das ganze Reichsgebiet im März 1849 gelten sollten, nicht in Kraft getreten. Dabei hatte der verabschiedete Grundrechtskatalog, der dem Kanon der Menschenrechte folgte, zum ersten Mal in der deutschen Geschichte die Gleichheit vor dem Gesetz und die Freiheitsrechte wie Meinungs-, Presse- und Glaubensfreiheit, mit der ausdrücklichen Freiheit zur Religionsausübung auch die staatsbürgerliche Gleichheit der Juden sowie die Abschaffung der Vorrechte des Adels als Grundlage der staatlichen Ordnung formuliert.

Es kam nicht so weit, denn schon im Herbst 1848 hatten kaisertreue Truppen das «rote Wien», die rebellische Hauptstadt, zurückerobert. Nachdem Friedrich Wilhelm IV. auch noch die ihm vom Frankfurter Parlament im April 1849 angetragene Kaiserwürde für einen deutschen Einheitsstaat ohne Österreich (die «kleindeutsche Lösung») hinhaltend abgelehnt hatte, löste sich die Paulskirchenversammlung mehr und mehr auf. Enttäuscht und verraten von ihren Regierungen aber erhob sich nun im Mai 1849 erneut das Volk in einer zweiten Welle von Aufständen, um die Einführung einer Reichsverfassung zu erzwingen. Die revolutionären Erhebungen in Sachsen, in Baden und in der Pfalz, die fast gleichzeitig losbrachen und noch einmal versuchten, das Blatt zu wenden, wurden von preußischen Truppen und ihren Verbündeten brutal niedergeschlagen.

Angesichts dieser Situation stellt sich zu Recht die Frage, ob die Frauen europaweit nicht bereits den Kampf um politische Gleichberechtigung verloren hatten, als Louise Otto im April 1849 die erste Nummer ihrer *Frauen-Zeitung* herausgab, um die demokratischen Bestrebungen gerade auch im Hinblick auf die Geschlechterfrage auf den Prüfstand zu stellen. Überall, in Paris, Wien, Prag oder Budapest ebenso wie in Frankfurt, aber auch in den einzelstaatlichen Länderparlamenten und Märzregierungen, die im Märzsturm 1848 einberufen worden waren, hatten sich die Parlamente und politischen Gremien allenfalls als Männer-Räume und -Machtspiel etabliert (Hauch 1998) und waren nun schon wieder durch die Reaktion, die alten Herrschaften und Mächte, ersetzt worden. Konnte die Beteiligung der Frauen der revolutionären Erhebung neue Schwungkraft verleihen? Die unmittelbaren realpolitischen Folgen scheinen das Scheitern dieser Revolution zu bestätigen, insbesondere auch frauenpolitisch: Der *Wiener demokratische Frauenverein*, dessen letzter Akt, eine Petition an den Reichstag zur Mobilisierung eines Landsturms gegen die kaiserlichen Truppen, in der Geschichtsschreibung eher lächerlich gemacht wird, wurde aufgelöst, seine Präsidentin Karoline Perin verhaftet und zur Emigration gezwungen. Im Königreich Sachsen wurde Ende 1850 ein Pressegesetz erlassen, das ausdrücklich nur «männlichen Personen» die verantwortliche Leitung einer Redaktion erlaubte. Diese in den Medien so bezeichnete Lex Otto sollte speziell die *Frauen-Zeitung* treffen. Louise Otto lobte denn auch sarkastisch die «Bestimmtheit der Paragraphen», weil bisherige Regelungen, die von Staatsbürgern handeln, diese Klarheit vermissen ließen. «Wir wissen, dass die Gleichheit von Männern und Frauen vor dem Gesetz bis jetzt noch nicht existiert, was man auch davon fabeln möge ...» Sie wich mit der Redaktion der Zeitschrift noch für zwei Jahre ins benachbarte Thüringen aus, nun eine «harmlose Zeitung», wie sie selbst schrieb, um «auch noch mit gefesselten Händen ... wenigstens mit den Ketten zu klirren» (*Frauen-Zeitung* 1851/45).

Nachhaltiger war die Repression durch die Vereinsgesetze, die zunächst als Verordnungen wider den Missbrauch der Versammlungs- und Vereinigungsfreiheit im Frühjahr 1850 in Bayern und Preußen erlassen worden waren und danach fast gleich lautend in allen Staaten des Deutschen Bundes in Kraft traten. Nach § 8 des Preußischen Vereinsgesetzes war es von nun an

«Frauenspersonen» wie Minderjährigen untersagt, Mitglied eines politischen Vereins zu werden oder auch nur an Versammlungen teilzunehmen, die politische Gegenstände behandelten. Dies war ein Maulkorb für alle Frauen, sich politisch zu betätigen, und hat die Geschichte der deutschen Frauenbewegung über mehr als zwei Generationen bis zur Aufhebung dieser Vereinsgesetze im Jahr 1908 behindert und geprägt.

Dass es den Französinnen nicht besser erging, soll nicht unerwähnt bleiben. Die Frauen, die bereits im März 1848 eine erste feministische Tageszeitung *Die Stimme der Frauen (La Voix des femmes, journal socialiste et politique, organe des intérêts des toutes)* herausgaben, rekrutierten sich aus dem Kreis der Frühsozialistinnen. Es waren zum Teil die gleichen Personen, die sich Anfang der 1830er Jahre schon mit verschiedenen Frauenzeitschriften für die Freiheit der Frauen, ihre Rechte und ihre Arbeit engagiert hatten, z. B. Pauline Roland, Désirée Véret-Gay, Suzanne Voilquin, Eugénie Niboyet oder *Jeanne Deroin* (1805–1894). Um sie herum entstanden zahlreiche Frauenclubs und Initiativen für die Rechte der Frau, insbesondere drangen sie darauf, dass das Recht auf Arbeit, das durch die Einrichtung von Nationalwerkstätten für jedermann und damit zur Lösung der sozialen Frage garantiert sein sollte, auch für Frauen durchgesetzt würde. Sie richteten selbstverwaltete Kooperativen und Arbeitsvermittlungsbüros für Heimarbeiterinnen, Tagelöhnerinnen, Lehrerinnen, Krankenwärterinnen etc. ein und bildeten Unterstützungsfonds. Da die provisorische Regierung nach dem Sturz des Bürgerkönigs Louis-Philippe das allgemeine und gleiche Wahlrecht verkündet hatte, nahmen sie das Demokratieversprechen beim Wort und wollten genau wissen, was die Formulierung «alle Franzosen» oder «allgemeines Wahlrecht» meinte. Sie versuchten zunächst, George Sand als prominente Kandidatin zur Wahl in die Nationalversammlung im Juli 1848 aufzustellen. Als diese sich weigerte, das Anliegen gar lächerlich machte, hatte sich auch schon der Widerstand der konstituierenden Versammlung mobilisiert. Abgesehen von einigen sozialistischen Abgeordneten, bekräftigte das Männergremium nur, was es schon immer wusste: Der angemessene und legitime Platz der

Frau war das Privatleben, nicht die Öffentlichkeit. Die Erfahrungen mit der Geschichte reichten aus, so behaupteten sie, um sie auch weiterhin von allen politischen Versammlungen auszuschließen (Scott 1996, 77 u. 64).

Nach der Schließung der Nationalwerkstätten und der blutigen Niederschlagung der sozialen Unruhen im Juli 1848 wurden unmittelbar und unerbittlich alle Frauenclubs verboten, ihre Mitglieder verfolgt und drangsaliert.

Dennoch wagte es Jeanne Deroin im April 1849, sich selbst zur Wahl in die Kandidatenliste der Demokratischen Sozialisten einzutragen. Trotz permanenter Anfeindungen erreichte sie es, auf verschiedenen Wahlversammlungen die Tribüne zu betreten und leidenschaftlich für die Überzeugung zu streiten, dass es für Frauen und Mütter gerade wegen ihrer besonderen Aufgaben eine Pflicht und ein Recht sei, an der Gesetzgebung mitzuwirken. Ihre sozialistischen Genossen ermahnte sie: «Ihr wollt Männer der Zukunft sein, die ihr nicht seht, dass die gesetzliche Ungleichheit zwischen Mann und Frau alle anderen sozialen Ungleichheiten hervorbringt?» (zit. n. Scott 1996, 74) Bei dem kühnen und ehrgeizigen Versuch, wenigstens das Projekt der Nationalwerkstätten bzw. der selbstverwalteten Kooperativen durch einen Zusammenschluss aller Arbeitergenossenschaften in einer *Union der Arbeiter* zu retten, um Gleichberechtigung, materielle Sicherheit für alle Mitglieder und die Abschaffung der Lohnarbeit zu organisieren, wurde sie schließlich mit anderen Frauen und Männern vor Gericht gestellt. Die Anklage lautete auf Bildung einer geheimen politischen Vereinigung, Umsturzversuch und Verschwörung. Deroin wurde zu sechs Monaten Haft verurteilt, die männlichen Genossen zu sehr viel höheren Strafen. Selbst Gleichheit in der strafrechtlichen Verantwortung (Art. IX der Frauenrechtserklärung von Olympe de Gouges) wurde ihr nicht zugestanden. Deroin erkannte das «Männergericht» nicht an. Nach der Haft – Napoleon III. hatte inzwischen durch Staatsstreich die Zweite Republik liquidiert – emigrierte sie nach England.

Nachklang, Spuren und Verbindungslinien

Für wie gefährlich diese erste europaweite Frauenbewegung von den Staatsgewalten eingeschätzt wurde, ist nicht zuletzt an den scharfen Repressionen abzulesen. «Die bewaffnete Macht wird sich doch unmöglich vor den Frauen fürchten», lästerten die Frauen zunächst (*Frauen-Zeitung* 1850/13). Die Französinnen wussten sofort, was auf dem Spiel stand, als wieder einmal eine ihrer Versammlungen aufgelöst wurde, in der über das Scheidungsrecht debattiert wurde: «Ihr wollt nicht hören, weil ihr uns zu fürchten beginnt und es euch leichter fällt zu unterdrücken, als Gerechtigkeit zu üben. Unter eurem Hohngelächter zeigt sich der Despotismus» (zit. n. Grubitzsch/Lagpacan 1980, 108). Tatsächlich wurde der Ausschluss der Frauen von politischer Teilhabe mit jedem Schritt auf dem Weg zur Etablierung einer bürgerlichen Gesellschaft und ihrer Institutionen ausdrücklicher geregelt, nicht nur durch die Verweigerung des Stimmrechts und aller weiteren Bürgerrechte wie der Presse-, Versammlungs- und Koalitionsfreiheit. Die Vertreter des Bürgertums und der herrschenden Klasse bedienten sich insbesondere des Familienrechts, um ihre männlichen Privilegien gerade auch im Privaten zu legitimieren. Was der wegen seiner Klarheit und Modernität gepriesene französische Code civil als bürgerliche Geschlechterordnung vorgezeichnet hatte, die absolute Herrschaft des Familienpatriarchen über Frau und Kinder, die sog. *eheherrliche Gewalt* («puissance maritale»), wurde in der Mitte des Jahrhunderts zur Leitlinie für die Reform auch des *Preußischen Allgemeinen Landrechts* sowie für die Rechtsauslegung der verschiedenen Partikularrechte auf dem Gebiet des Deutschen Bundes. So wurden nicht nur im Laufe der 1840er Jahre in Preußen die Ehescheidung erschwert und die Eigentumsrechte der Ehefrauen eingeschränkt, nach 1850 entschied das Preußische Herrenhaus zur Hebung von Sitten und Moral, die angeblich allzu «frauenfreundlichen» Ansprüche der nicht ehelichen Mütter und ihrer Kinder im ALR von der «Unbescholtenheit» der Frau abhängig zu machen. Nun erst hatte sich ein bürgerlicher Patriarchalismus auch rechtsförmig etabliert, der bis über die Jahrhundertwende, in Deutschland über die Kodifikation des *Bürgerlichen Gesetzbuches (BGB)* hinaus, die Eigentumsrechte der Ehefrau einschränkte, die Ehefrau in allen Angelegenheiten des ehelichen Lebens der Entscheidungsmacht des Ehemannes unterwarf, auch da, wo vorher in einzelnen Rechtskreisen noch Wohlwollen und der Schutzgedanke vorgeherrscht hatten.

Und dennoch, auch wenn die Hoffnungen auf einen grundlegenden Wandel der gesellschaftlichen und politischen Verhältnisse unerfüllt blieben, stehen die Ereignisse um 1848 für den Anbruch einer neuen Zeit. Denn trotz des unmittelbaren Scheiterns der Revolution hatten sich von da an die politische Sprache, die Denkmöglichkeiten und die Erwartungen an eine neue politische Ordnung verändert. Was die Vorkämpferinnen der Frauenbewegung einmal gesagt, gefordert, erkannt und beklagt hatten, war in der Welt, wurde Teil einer Geschichte des Feminismus, die in anderen Zusammenhängen, zu anderen Zeiten neuen Sinn und Wirksamkeit entfalten konnte. Denn «die Freiheit ist unteilbar! Also, freie Männer dürfen keine Sklaven neben sich dulden ...» (*Frauen-Zeitung* 1849/1).

Dass die Geschichte der Frauenbewegungen in Europa auch anders hätte verlaufen können, lassen die schnellen Fortschritte der amerikanischen Frauenbewegung erahnen, die ebenfalls 1848 mit einem Gründungsakt begann. Am 14. Juli 1848 waren in Seneca Falls, einem unscheinbaren Ort im Bundesstaat New York, 200 Frauen und – immerhin – 40 Männer zusammengekommen. Sie hatten mehrere Tage debattiert und unterzeichneten schließlich ein von *Elizabeth Cady Stanton* (1815–1902) vorbereitetes Manifest, die *Declaration of Sentiments*, die die *Ansichten*, sollte heißen, die Rechtsansprüche und Unrechtserfahrungen, der amerikanischen Frauen zusammenfasste. Die Initiatorinnen waren Anhängerinnen der großen Reformbewegungen, der religiösen Erweckungsbewegungen und insbesondere der Antisklavereibewegung. Sie hatten sich 1840 als weibliche Delegierte auf dem internationalen Antisklavereikongress in London kennen gelernt. Weil auch dort Frauen kein Rederecht erhielten, verständigten sie sich darüber, wie notwendig die Abschaffung der «Sklaverei auch der Frauen» in ihrem eigenen Land, den USA, sei. So war erst wenige Monate vor der Versammlung in Seneca Falls im Staat New York nach jahrelangen Debatten ein Gesetz verabschiedet worden, das verheirateten Frauen die Verfügung über ihr in die Ehe eingebrachtes oder später erworbenes Eigentum gewährte. Doch mit dieser Gesetzesreform in einem Einzelstaat war die völlige Rechtlosigkeit der Ehefrauen in allen anderen Staaten keineswegs beseitigt, denn in dem auch in den USA geltenden englischen *common law* unterlag die Ehefrau der sog. coverture, d. h., sie war «verdeckt», verschwunden in der Rechtsperson des Mannes, selbst keine Person im Rechtssinne.

Der Text der *Declaration of Sentiments* ist – ähnlich wie die Frauenrechtserklärung von Olympe de Gouges im Rekurs auf die Menschenrechtserklärung – als eine Paraphrase auf die Amerikanische Unabhängigkeitserklärung von 1776 formuliert, d. h., Sprachstil und die jeweiligen Forderungen entsprechen sich. Wenn es da im Original von 1776 hieß: «Wir halten diese Wahrheiten für keines Beweises bedürftig, dass alle Menschen gleich geschaffen sind …», so lautete der Satz nun: «… dass Mann und Frau gleich geschaffen sind». Und wenn in der Amerikanischen Unabhängigkeitserklärung der englische König der Adressat der Forderung nach Selbstbestimmung war, dessen Machtmissbrauch und Anmaßungen gerügt wurden, so ist in *Declaration of Sentiments* der «absolute Despotismus des Mannes» der Angriffspunkt, an den die Anklage und die Einforderung unveräußerlicher Rechte der «Natur und ihres Schöpfers» gerichtet werden (vgl. Flexner 1978).

Der Widerhall und das öffentliche Aufsehen, das die Veranstaltung erregte, waren beträchtlich. Die Presse berichtete landesweit, teilweise verständnisvoll, und druckte Teile der *Erklärung* ab, während andere Zeitungen insbesondere auf die Forderung nach politischen Rechten mit üblichem Spott und Hohn reagierten. Trotzdem hatte dieses Signal zum Aufbruch deswegen so nachhaltigen Erfolg, weil die Amerikanerinnen, gestützt auf ein Netzwerk von Sozialreformerinnen, von nun an bis zum Ausbruch des Amerikanischen Bürgerkriegs 1861 jährlich unter großer Beachtung der Öffentlichkeit Frauenrechtskonferenzen abhielten und damit einen immer größeren Kreis von Anhängerinnen einwerben und ihre Organisationen ausbauen konnten. Ein wesentlicher Unterschied zur europäischen Situation aber bestand darin, dass die amerikanischen Frauenrechtlerinnen bei ihrer Propaganda, bei Versammlungen und Kampagnen von einer nicht unerheblichen Zahl prominenter Männer unterstützt wurden – im Gegensatz zu dem politischen Maulkorb für alle Frauenbestrebungen nach der 1848er Revolution in den meisten Teilen Europas sowie einem reaktionären Antifeminismus, der nach 1850 auf allen Seiten des politischen Spektrums und in den Wissenschaften gepflegt und selbst ex cathedra gelehrt wurde (etwa von Pierre-Joseph Proudhon, Jules Michelet oder Wilhelm H. Riehl).

Bemerkenswert aber bleiben die internationalen Verbindungslinien und Spuren eines neuen feministischen Bewusstseins, die nun über nationale Grenzen und den Atlantik hinweg in beiden Richtungen geknüpft und gelegt wurden – hier nur einige Beispiele: *Harriet Taylor Mill* (1807–1858), die gerade den Nationalökonomen und Philosophen John Stuart Mill geheiratet hatte, veröffentlichte 1851 in der englischen *Westminster Review* einen ausführlichen Bericht über die erste amerikanische Frauenrechtskonferenz in Worcester (Mass.) aus dem Jahr 1850, auf der sowohl rechtliche Gleichheit wie auch das Frauenstimmrecht gefordert wurden. Harriet Taylors Essay *Enfranchisement of Women* verschaffte diesen Forderungen auch in Europa Publizität und avancierte zur meistverkauften Schrift der amerikanischen Frauenbewegung. Ins Deutsche übertragen wurde sie von Sigmund Freud und verschwand in der ersten deutschen Ausgabe der *Gesammelten Werke* (1880) zunächst unter J. St. Mills Namen. Taylors Beitrag sollte jedoch die Grundlage bilden für das von Mill und Taylor gemeinsam geschaffene Standardwerk des Feminismus *Die Hörigkeit der Frau* (1869), das in viele Sprachen übersetzt zum Weltbestseller wurde. – Jeanne Deroin wiederum schrieb zusammen mit Pauline Roland noch aus dem Gefängnis eine Grußadresse an die amerikanische Frauenrechtskonferenz 1850 in Worcester und veröffentlichte 1852 auf Französisch eine Zusammenfassung von Harriet Taylors Essay. – Wie viele andere 48er war auch Mathilde Franziska Anneke in die USA emigriert und arbeitete dort als Journalistin für deutschsprachige und amerikanische Zeitungen. Sie gab von 1852 bis 1854 in Milwaukee eine *Deutsche Frauenzeitung* heraus und hielt auf der dritten amerikanischen Frauenrechtskonferenz 1853 in New York eine viel beachtete Rede, die von der polnischen Immigrantin und Frauenrechtlerin Ernestine Rose übersetzt wurde. – Die schwedische Schriftstellerin *Fredrika Bremer* (1801–1865) bereiste zwischen 1848 und 1851 die USA und schrieb anschließend ihren berühmten Roman *Hertha oder Geschichte einer Seele*, der die Frauenfrage in Schweden auf die politische Tagesordnung setzte und zum Namensgeber für die erste feministische Frauenorganisation in Schweden wurde. So sind die Korrespondenzen und persönlichen Kontakte zwischen Gleichgesinnten um die Jahrhundertmitte ein Beleg dafür, dass schon der frühe Feminismus als transnationale Bewegung zu kennzeichnen ist (vgl. Anderson 2001).

3. Die hohe Zeit der Frauenbewegungen und ihrer Organisationen

In einem Sammelband mit dem Titel *The Woman Question in Europe*, herausgegeben von Theodore Stanton (1884), dem Sohn der Vorkämpferin der amerikanischen Frauenbewegung Elizabeth Cady Stanton, lesen wir eine treffende Beschreibung der Dynamik von Frauenbewegungen. Die irische Frauenrechtlerin Frances Power Cobbe vergleicht die verschiedenen ungleichzeitigen Höhepunkte und Flauten mit dem Bild der Wellen und Gezeiten und schrieb 1884 in der Einleitung: «… diese Bewegung hat ein ganzes Geschlecht aufgewühlt, sogar die Hälfte der Menschheit. Wie die einströmende Flut bewegt sie sich in verschiedenen Wellen, und jede einzelne gehorcht dem gleichen Gesetz und trägt ihr Teil dazu bei, die übrigen mitzureißen»

(Stanton 1884, XVI, eigene Übs.). Die Metapher der ‹Welle› hat Eingang in die Historiographie der Frauenbewegung gefunden, weil sie anschaulich die immer wieder neuen Anfänge sowie ihre von den jeweiligen politischen Bedingungen abhängigen Erfolge und Rückschläge beschreibt und deutlich macht, dass nur eine gewaltige, sich vereinigende Strömung Schwungkraft genug hat, um jahrhundertealte Gewohnheiten, Privilegien und Vorurteile hinwegzuschwemmen. Im Angelsächsischen wird deshalb für die Zeit zwischen dem Ende des 19. Jahrhunderts und den 1920er bzw. 1930er Jahren von «First Wave Feminism» und für die Frauenbewegung nach 1970 von «Second Wave» gesprochen, während im Deutschen die Bezeichnungen «alte» oder «historische» und «neue» Frauenbewegung üblich geworden sind. Damit stellt sich jedoch die Frage, wie lange eine Frauenbewegung «neu» bleibt, die selbst in die Jahre gekommen ist, oder noch grundsätzlicher, ob eine Bewegung überhaupt auf Dauer zu stellen ist.

Noch eine Besonderheit bei der Mobilisierung von Frauen im Vergleich zu anderen politischen, sozialen oder religiös motivierten Befreiungsbewegungen wird in der Einleitung dieses Sammelbandes deutlich. Indem Cobbe die gleichen Staatsbürgerrechte vorerst nur den Frauen zugestehen will, die durch die Gemeinsamkeit des kulturellen Erbes, der Herkunft, des Glaubens und der Interessen den Männern ihrer Nation verbunden sind, hingegen nicht den «Scharen von Immigranten» oder «Fremden anderer Rassen» (ebd.), offenbart sich eine bedenkliche Differenzierung und ein Grundkonflikt, der die Einigkeit in der Geschichte der Frauenbewegungen immer wieder in Frage stellte: z. B. die Spaltung in der amerikanischen Frauenbewegung, nachdem die Schwarzen, wohlgemerkt, nur die männlichen Schwarzen, nach dem Bürgerkrieg 1869 das Wahlrecht erlangt hatten, aber nicht die Frauen; oder die schier unüberwindlichen Klassengegensätze zwischen proletarischer und bürgerlicher Frauenbewegung, die in Deutschland an der Wende zum 20. Jahrhundert ein Zusammengehen verhinderten. Gerade weil Frauen «die Hälfte der Menschheit» sind, gehören sie doch gleichzeitig unterschiedlichen gesellschaftlichen Gruppierungen und Klassifizierungen an, die je nachdem ihre Identität bestimmen und politische Bedeutung gewinnen. Die Schwierigkeit, eine Bewegung unter Frauen auf der Grundlage ihres Geschlechts zu initiieren, besteht somit darin, dass sie nicht unbedingt Angehörige einer gleichen Lebenslage, einer Klasse, Schicht, Glaubensrichtung oder gleicher nationaler bzw. ethnischer Herkunft sind, vielmehr mit denen, gegen die sie aufbegehren oder sich wehren, alltäglich, oft abhängig und intim zusammenleben oder «Schulter an Schulter» zusammenarbeiten. Das heißt aber, es muss vieles zusammenkommen, um Ungleichheit aufgrund von Geschlecht als Unrecht und die Zurücksetzung von Frauen als gesellschaftliches Problem und nicht nur als privates Geschick zu erkennen. In Zeiten gesellschaftlicher Umbrüche und Krisen sind die Chancen am größten, Selbstverständlichkeiten und Gewohnheiten im Verhältnis der Geschlechter als nicht ‹in Ordnung›, als Unrecht zu thematisieren und damit die als «natürlich» beschriebene Geschlechterordnung zu problematisieren. Aus den unterschiedlichen Bedingungen und Anlässen aber erklären sich die Ungleichzeitigkeiten und immer wieder neuen Ansätze und Schübe der Mobilisierung.

Übergänge und Neuanfänge

In England war es der in viele Sprachen übersetzte Bestseller *Die Hörigkeit der Frau* von John Stuart Mill ([1869] 2012), der zur «wahren Bibel» (Mary Beard 1946) der Feministinnen des 19. Jahrhunderts wurde und der frühen ersten Stimmrechtsbewegung in England prominente Unterstützung bot. Mill hatte die gemeinsame Autorschaft mit seiner Frau, Harriet Taylor, an diesem Buch immer wieder betont ebenso wie ihre Mitwirkung und ihren entscheidenden Einfluss bei zahlreichen früheren Schriften, z. B. bei dem Klassiker der Nationalökonomie *Grundsätze der politischen Ökonomie* (zuerst 1848). Er war überhaupt der erste Parlamentarier, der als Abgeordneter des englischen Unterhauses in einer fulminanten Rede 1867 für das Wahlrecht der Frauen eintrat. Für Mill, den Utilitaristen und Philosophen, waren gleiche Bildung und gleiche politische Rechte und Freiheiten der Frauen nicht nur ein Gebot der Gerechtigkeit, sondern auch der «Zweckmäßigkeit», d. h. des gesamtwirtschaftlichen Nutzens, sowie eine «Quelle des wahren Glücks für beide Teile» (vgl. Rossi 1988, 183–238). Obwohl die Engländerinnen trotz der später als radikal verschrienen Suffragettenbewegung erst 1918 bzw. sogar erst 1928 das Stimmrecht erhielten, führten die Kampagnen in den 1870er Jahren doch wenigstens zur Verabschiedung der *Married Women's Property Acts* (1870–1882), die die völlige Rechtlosigkeit und Eigentumslosigkeit verheirateter Frauen aufhoben und damit in einer liberalen, kapitalistischen Gesellschaft die wichtigste Voraussetzung für selbständiges Handeln und Beteiligung schufen.

Frankreich erlebte einen neuen Aufschwung feministischer Aktivitäten nach dem Deutsch-Französischen Krieg, in der Konstitutionsphase der Dritten Republik in den 1870er Jahren. Schon 1868, zum Ende des Zweiten Kaiserreichs, als sich Napoleon III. gezwungen sah, Presse- und Versammlungsfreiheit zuzugestehen, war um die Frauenfrage eine Vielzahl von Initiativen, Konferenzen und Vereinigungen entstanden, die als Vehikel für republikanische Forderungen dienten. Léon Richer, Oppositioneller und Literat, einer der wichtigsten Förderer der Frauensache, gab 1869 die Zeitschrift *Le Droit des femmes* heraus, um die sich eine Gruppe von Frauen versammelte, darunter auch *Maria Deraismes* (1828–1894), Schriftstellerin, Freidenkerin und begabte Rednerin, die 1870 zusammen mit Richer *L'Association pour le Droit des femmes* gründete und damit die Basis für die Organisation der französischen Frauenbewegung schuf. Zu den Unterzeichnerinnen dieser Initiativen hatten auch *Louise Michel* (1830–1905) und *Paule Mink* (1839–1901) gehört, die wenig später wegen ihrer Beteiligung am Aufstand der *Pariser Commune* verurteilt und in die Verbannung geschickt wurden. Der Krieg und die Niederschlagung der *Commune* hatten die organisatorischen Anfänge nicht nur unterbrochen, sondern auch die Fronten zwischen Sozialistinnen und bürgerlichen Republikanerinnen klar gezeichnet. Der revolutionäre Schrecken, die Wirren und Gewalterfahrungen in diesem Bürgerkrieg aber haben die Frauenrechtlerinnen umso mehr zur Mäßigung ihrer Forderungen veranlasst. In der Parteinahme für den Aufbau der Dritten Republik galt es, sich vorerst als «republikanische Mutter» und Gefährtin zu bewähren, waren Bildung und die Reform des Privatrechts, des autoritär entmündigenden Code civil, die vorrangig verfolgten Ziele, bevor sie gleiche Rechte als Staatsbürgerinnen zu fordern wagten. Auf dem ersten Internationalen Frauenkongress für die Rechte der Frau, den die Französinnen 1878 in Paris veranstalteten, sollte *Hubertine Auclert* (1848–1914), zunächst Weggefährtin von Deraismes und Richer, dann radikale Außenseiterin, sogar daran gehindert werden, die Stimmrechtsfrage auf die Tagesordnung zu bringen, um die «Politik der kleinen Schritte» nicht zu gefährden (vgl. Hause 1987). Auclert war diejenige, die den Begriff Feminismus – wie schon erwähnt (vgl. Einleitung) – in ihrer von 1881 bis 1891 herausgegebenen Zeitschrift *La Citoyenne* populär gemacht hat. Insgesamt aber setzte sich die Frauenbewegung in Frankreich bis zum Ende der 1880er Jahre aus sehr kleinen Gruppen zusammen, bildeten Feministinnen eine verschwindende Minderheit, ehe die Frauenbewegung um die Jahrhundertwende zu einem Faktor des öffentlichen Lebens wurde (vgl. Klejman/Rochefort 1989).

Die Neuanfänge einer organisierten Frauenbewegung in Deutschland ähneln in mehrfacher Hinsicht dem französischen Verlauf. Auch hier setzte die ‹hohe Zeit› der ‹alten› Frauenbewegung erst zum Ende der 1880er Jahre ein. Der Deutsch-Französische Krieg bildete die gemeinsame Zeitenwende, mit der in der Orientierung an nationaler Politik auch die Chancen einer klassenübergreifenden Frauenpolitik begraben wurden. Dennoch wurden nach den Jahren der Reaktion, zwischen 1865 und 1890, mit der Gründung von Frauenvereinen, dem Aufbau von Netzwerken, Medien, Enqueten, Veröffentlichungen und Petitionen die politischen Zielsetzungen und Frontstellungen geklärt und auf der Grundlage des Prinzips der Selbsthilfe praktisch-politische Erfahrungen gesammelt. Margrit Twellmann schreibt in ihrer Analyse der Frauenbewegung jener Zeit: «Die Bedeutung dieses Wirkens darf nicht an den kärglichen Erfolgen gemessen werden; wichtig ist, dass diese notwendigen Forderungen durchdacht, formuliert und vertreten wurden gegenüber den eigenen Mitgliedern und der Öffentlichkeit. Die Organisationen der Frauenbewegung gewannen hierdurch inmitten des sich vollziehenden wirtschaftlichen und sozialen Umwandlungsprozesses die Bedeutung eines ‹geistigen Führungszentrums›, eines ordnenden planenden Mittelpunktes, der Sorge trug, daran zu erinnern, dass sich die ‹Frauenfrage› nicht in der ‹Brotfrage› erschöpfe, sondern als ‹Menschheitsfrage› alle Bereiche des menschlichen Lebens berührte» (Twellmann 1972, 223).

Die Keimzelle der feministischen Aktivitäten dieser Zeit war der *Allgemeine Deutsche Frauenverein (ADF)*, der 1865 auf Initiative ehemaliger 48erinnen, angeführt von *Louise Otto-Peters* und *Auguste Schmidt* (1833–1902), in Leipzig gegründet wurde. Seine vorrangigen Ziele waren «die erhöhte Bildung des weiblichen Geschlechts und die Befreiung der weiblichen Arbeit von allen ihrer Entfaltung entgegenstehenden Hindernissen» (Otto-Peters 1890, 10). Beteiligt waren auch einige «einsichtsvolle Männer», die als Ehrenmitglieder, jedoch ohne Stimmrecht aufgenommen wurden. Insofern vertrat der *ADF* von Anbeginn sehr bewusst und mit Zustimmung der Beteiligten das Prinzip der Selbsthilfe und Autonomie. Einer der Förderer betonte denn auch: «Der Frauentag darf doch nicht mit einer Inkonsequenz beginnen und von einem Mann eröffnet werden? Die Frauen müssen ihre Sache selbst führen, sonst ist sie von vornherein verloren»(ebd. 7). Die Gründung auf der Leipziger Frauenkonferenz – von der Presse auch als «Leipziger Frauenschlacht» bespöttelt – wird als die Geburtsstunde der organisierten Frauenbewegung in Deutschland verstanden. Ihr gesamtdeutscher Anspruch war vor der Reichsgründung ein kühnes Unterfangen. Doch die Einladung zur Gründungskonferenz war ausdrücklich an «die deutschen Frauen der verschiedensten Städte und Staaten» ergangen, denn – so Louise Otto-Peters beharrlich – «das ganze Deutschland soll es sein!» Mit diesem Ziel gingen die Frauen in der Folge sehr strategisch vor: Alle weiteren «Frauentage» wurden von da an alle zwei Jahre in unterschiedlichen Städten abgehalten und jeweils vor Ort von einem Mitglied oder einer Gesinnungsgenossin, Freundin oder Verwandten organisiert, um zugleich einen neuen Ortsverein zu gründen. Bald bildeten die Lokalvereine ein weit verzweigtes Band organisierter Fraueninteressen. Unterstützt durch die Herausgabe des Vereinsorgans *Neue Bahnen* (seit 1866 bis 1919), ging es zunächst zügig voran, doch die Widerstände waren groß, und die Stagnation insbesondere seit der Reichsgründung 1871 wurde offensichtlich.

Trennlinien

Fast gleichzeitig mit der Gründung des *ADF* 1865 hatte *Adolf Lette*, der nationalliberale Abgeordnete des Preußischen Abgeordnetenhauses und Präsident des *Centralvereins für das Wohl der arbeitenden Klassen*, eine «Denkschrift» verfasst, in der er der zeitgemäßen Sorge des Bürgertums um seine unverheirateten Töchter Ausdruck verlieh. Er rief auf zur Bildung eines *Vereins zur Förderung weiblicher Berufstätigkeit* und fand großen Anklang, denn die Frauenfrage, auf ihre ökonomische Seite, auf eine «Brotfrage» reduziert, war das große Thema der Zeit. Überall im Land entstanden Frauenbildungs- und Erwerbsvereine, die sich bald unter dem Dach der sog. *Lette-Vereine* wiederfanden. Sie richteten sich vorrangig an die Frauen der gehobenen Stände und des Mittelstands. Dagegen waren die in den Fabriken und in der Landwirtschaft beschäftigten «Handarbeiterinnen, Dienstboten, Wäscherinnen und dergleichen ...» in den Statuten ausdrücklich ausgenommen. Die angebotene Qualifizierung diente der Ausbildung für die kaufmännischen, technischen und gewerblichen Berufe. Die Leitung war grundsätzlich in den Händen von Männern, Honoratioren, die zu wissen meinten, worin das Wohl der Frauen bestand. Denn so hatte Lette in seiner Denkschrift erklärt: «Was wir nicht wollen und niemals, auch nicht in noch so fernen Jahrhunderten wünschen und bezwecken, ist die politische Emanzipation und Gleichberechtigung der Frauen. Wenn sogar der berühmte englische Nationalökonom John Stuart Mill das aktive und passive Wahlrecht zu vindizieren geneigt ist, so befindet er sich im Widerspruch, wie mit den tausendjährigen Einrichtungen aller Staaten und Völker, so auch mit der Natur und Bestimmung des Weibes und mit den ewigen Gesetzen der göttlichen Weltordnung ...» (zit. n. Gerhard 1990a, 38).

Nach dem Sieg über Frankreich und der Reichsgründung sollte den für ökonomische Selbständigkeit und Emanzipation wirkenden Frauenvereinen noch stärkere Konkurrenz in den *Vaterländischen Frauenvereinen* erwachsen. Im Krieg gegen Dänemark 1866 hatte die preußische Königin Augusta – in Anlehnung an die von Florence Nightingale im Krimkrieg entwickelte Kranken- und Lazarettpflege, die zur Gründung des Roten Kreuzes führte – einen Zusammenschluss der in verschiedenen Staaten und Städten des Bundes in der Kranken- und Armenpflege tätigen Frauenvereine zu einem *Vaterländischen Centralverein* durchgesetzt. Diese «Armee der Kaiserin», wie sie im Nachhinein genannt wurde, war damit gut gerüstet für den Krieg mit Frankreich. Um die im Dienst für «Gott, Kaiser und Vaterland» bewährten Kräfte auch für Friedenszeiten zu sammeln, wurde der Verband 1871 unter dem Protektorat der Kaiserin und unter dem Abzeichen des Roten Kreuzes nach einem militärisch strengen und autoritären Reglement neu organisiert. Der Vorstand wurde von der Kaiserin ernannt und bestand vorwiegend aus Männern, Generälen und Geheimen Regierungsräten etc., die weiblichen Vorstandsmitglieder kamen aus dem Adel. Wie einflussreich sie agierten, mag ein Vergleich der Mitgliederzahlen andeuten. Während die Lokalvereine des *ADF* in den 1880er Jahren insgesamt allenfalls 12 000 Mitglieder mobilisieren konnten, zählten die «Vaterländischen» zur gleichen Zeit 150 000 Beitrag zahlende Frauen. Ihre Zahl stieg bis zum Beginn des Weltkrieges auf etwa eine halbe Million (Greven-Aschoff 1981, 148). Auch diese konservativ-reaktionären Vereine sind somit Teil der Frauengeschichte, jedoch mit den Vereinen der Frauenbewegung und ihren emanzipatorischen Zielen hatten sie nichts zu tun.

Arbeiter- und Frauenbewegung

Die Tatsache, dass sich das deutsche Kaiserreich auf einen militärischen Sieg, feudale Eliten und eine zunehmend repressive Klassenherrschaft stützte, musste auch die bürgerliche Frauenbewegung beeinflussen, führte nach 1871 zu einer Wachablösung ihrer Führungsriege und befestigte nicht zuletzt die Trennlinie zwischen den Arbeiterinnen und bürgerlichen Frauenvereinen. Als sich in den 1860er Jahren auch die Arbeiterbewegung neu formierte, hatte man noch Grußadressen zwischen den *Vereinstagen deutscher Arbeiter* und dem *Allgemeinen Deutschen Frauenverein* ausgetauscht. Doch die Differenzen wurden unvermeidlich, weil auch die frühe Arbeiterbewegung, sowohl der 1863 unter der Führung Ferdinand Lassalles gegründete *Allgemeine Deutsche Arbeiterverein* als auch die 1864 in London gegründete *Internationale Arbeiterassoziation,* entgegen der Marx'schen These vom Verfall «des alten Familienwesens» und einer notwendig neuen ökonomischen Grundlage «für eine höhere Form der Familie und das Verhältnis beider Geschlechter», bürgerlichen Familienidealen folgte und für die Beschränkung, ja oft genug sogar für das Verbot der Frauenarbeit als «Schmutzkonkurrenz» eintrat. Da hieß es in einer deutschen Denkschrift der *Internationale* von 1866: «Schafft Zustände, worin jeder herangereifte Mann ein Weib nehmen, eine durch Arbeit gesicherte Familie gründen kann... Den Frauen und Müttern gehören die Haus- und Familienarbeiten, die Pflege, Überwachung und erste Erziehung der Kinder... Die Frau und Mutter soll neben der ernsten öffentlichen und Familienpflicht des Mannes und Vaters die Gemütlichkeit und Poesie des häuslichen Lebens vertreten, Anmut und Schönheit in die gesellschaftlichen Umgangsformen bringen und den Lebensgenuss der Menschheit veredelnd erhöhen» (zit. n. Thönessen 1969, 19).

Louise Otto hatte diese Äußerungen und den Grundsatz der Lassalleaner, die Lage der Frau könne nur durch die Lage des Mannes verbessert werden, als «aller Gesittung und Humanität hohnsprechend» bezeichnet. Doch dieser «proletarische Antifeminismus» (Thönessen 1969), der auch in der französischen

Arbeiterbewegung unter dem Einfluss des Sozialisten und Anarchisten Pierre-Joseph Proudhon als eine biologistisch-materialistische Geschlechtertheorie begründet wurde, blieb ein immer wieder die Debatten dominierender Diskurs, der sich auf eine breite Literatur und die zweifellos unerträglichen Arbeits- und Lebensbedingungen der Frauen und Kinder in den Fabriken stützen konnte. Beim Vereinigungskongress der *Lassalleaner* und *Eisenacher* zur *Sozialdemokratischen Arbeiterpartei* 1875 unter der Führung von August Bebel gelang es immerhin, im *Gothaer Programm* das Wahlrecht *aller* Staatsangehörigen, also auch der Frauen durchzusetzen, jedoch ohne sie mit dem von August Bebel vorgeschlagenen Zusatz «beiderlei Geschlechts» ausdrücklich einzubeziehen.

Mit der Verfolgung der Arbeitervereine nach dem Erlass der *Sozialistengesetze* 1878 rückten die Arbeitervereine und die Assoziationen der Arbeiterinnen enger zusammen. Einerseits war die Erfahrung von Verfolgung, Verhaftung, Ausweisung ihrer Männer und Väter für die Politisierung der Frauen ausschlaggebend. Sie entwickelten sich zu findigen und listigen Hilfstruppen einer Partei im Klassenkampf, indem sie unter ihren weiten Röcken, im Kinderwagen oder an Marktständen Propagandamaterial schmuggelten und dafür oft genug verurteilt und bestraft wurden (z. B. Pauline Staegemann, vgl. Juchacz 1971, 25 f.). Andererseits war die Aufnahme von Frauen in Gewerkschaften und Vereine nun doppelt riskant, weil neben dem Verbot «sozialistischer Umtriebe» die politische Betätigung von Frauen nach wie vor durch die Vereinsgesetze von 1850 verboten war – übrigens auch für die bürgerlichen Frauenvereine wie den *ADF*, was zweifellos auch deren Programmatik einschränkte. Denn nach einer erneuten Entscheidung des Reichsgerichts aus dem Jahr 1887 galten «alle Angelegenheiten, welche Verfassung, Verwaltung, Gesetzgebung des Staates, die staatsbürgerlichen Rechte der Untertanen und die internationalen Beziehungen der Staaten zu einander in sich begreifen», als «politische Gegenstände» (RGSt 1888, Bd. 16, 383–386). Danach war Frauen eigentlich alle öffentliche Verhandlung darüber verboten, was nur auf dem Wege der Gesetzgebung zu verändern war.

Die Arbeiterinnenvereine blieben gleichwohl sehr viel stärkeren Repressionen durch die Staatsgewalt ausgesetzt, da ihre sozialistische und klassenkämpferische Agitation von vornherein als politisch galt. Es war ein alltäglicher «polizeilicher Kleinkrieg», der durch Versammlungsstörung, Versammlungsverbote, Prozesse und Presseverbote, durch Verhaftung und Ausweisung der Führerinnen gekennzeichnet war.

Ein Sozialdemokrat, der mit seinem Eintreten für die Gleichberechtigung der Frauen von Anbeginn nicht nur praktische Solidarität geübt hat, sondern darüber hinaus dem Antifeminismus der Arbeiterbewegung theoretisch den Boden entzogen hat, war *August Bebel* (1840–1913), Begründer und Führer der *SPD* und von 1871 bis zu seinem Tod ihr einflussreichster Abgeordneter im Reichstag. Mit seinem Buch *Die Frau und der Sozialismus*, zuerst erschienen 1879, hat er die «Frauenfrage als eine Seite der allgemeinen sozialen Frage» ins Zentrum gestellt und zugleich betont, dass es dennoch notwendig sei, sie besonders – also nicht nur als «Nebenwiderspruch» – zu behandeln. In ausführlichen Analysen der Stellung der Frau in Geschichte und Gegenwart und in seinen politischen Zielsetzungen für die Zukunft trug er alles verfügbare wissenschaftliche Material über die Frau als Geschlechtswesen, über Ehe, Sexualität und Prostitution sowie die Erwerbs- und Rechtsstellung der Frau zusammen und begründete, warum die Frau in ihrer Masse in doppelter Beziehung leide, nämlich unter Klassenherrschaft und Patriarchat, und warum es auf dem Boden der bürgerlich-kapitalistischen Gesellschaftsordnung keine wirkliche Gleichberechtigung oder Emanzipation der Frauen geben könne. Die Kernaussage für eine sozialistische Emanzipationstheorie lautete: «Es gibt keine Befreiung der Menschheit ohne die soziale Unabhängigkeit und Gleichstellung der Geschlechter» (Bebel [1879] 1964, 50). Dieser Klassiker der Frauenfrage erlebte noch zu Lebzeiten Bebels 52 Auflagen und wurde in viele Sprachen übersetzt, es war die am weitesten verbreitete marxistische Agitationsschrift des 19. Jahrhunderts.

Einzelne Vorkämpferinnen

Eine, die viel wagte und deshalb verfolgt und schließlich ins Exil nach London getrieben wurde, war die Gräfin *Gertrud Guillaume-Schack* (1845–1903). Sie war angeregt worden durch die Engländerin Josephine Butler, die in den 1870er Jahren mit ihrer Kampagne gegen die *Contagious Diseases Acts*, Gesetze, die vorrangig das Militär vor der Ansteckung durch Geschlechtskrankheiten schützen sollten, das Tabu der staatlich reglementierten Prostitution gebrochen hatte. Sie gründete 1875 den *Britischen, kontinentalen und allgemeinen Bund zur Bekämpfung des staatlich reglementierten Lasters.* Der Kampf gegen eine doppelte Moral, die Bordelle duldete, Männer schützte, aber die Frauen bestrafte und unter die entwürdigende Kontrolle der Sittenpolizei stellte, war zum Ende des Jahrhunderts international eines der zentralen Themen der Frauenbewegung. Guillaume-Schack war in Deutschland insofern eine Pionierin, als sie zunächst unter dem Deckmantel des von ihr gegründeten *Kulturbundes* in unzähligen Versammlungen im Deutschen Reich als erste Frau über das Elend der Prostituierten, über Sexualität und Sittenwidriges sprach und damit ein großes Publikum, insbesondere Arbeiterinnen, erreichte. Die Zusammenkünfte wurden wegen «Erregung öffentlichen Ärgernisses» von der Sittenpolizei wiederholt verboten. Da sie, wie Bebel, einen engen ursächlichen Zusammenhang zwischen Armut und Erwerbslosigkeit von Frauen und der Prostitution vermutete, kam sie zunehmend in Kontakt mit den Sozialdemokraten. Auf ihre Initiative entstanden in mehreren Städten Arbeiterinnenvereine, die wegen der Vereinsverbote auch als *Central-Kranken- und Begräbniskassen für Frauen und Mädchen* firmierten. Sie richtete 1883 eine Petition an den Reichstag, «die Regulierung der Prostitution als eine mit der hohen Aufgabe des Staates unvereinbare Einrichtung abzuschaffen», und gab 1885/86 die Zeitschrift *Die Staatsbürgerin* heraus, in der sie u. a. scharf gegen alle im Reichstag und auch in der Sozialdemokratie geführten Debatten über das Verbot bzw. die Beschränkungen der Frauenarbeit agitierte. Nachdem sie wiederholt verurteilt worden und von

Freund und Feind als «Sozialdemokratie im Unterrock» in die Schlagzeilen geraten war, verließ sie 1886 Deutschland ins Londoner Exil (vgl. Gerhard 1990a, 131 f.).

Zu erwähnen bleibt *Hedwig Dohm* (1831–1919), die in dieser Übergangszeit vor 1880 als radikale Vordenkerin eine Reihe feministischer Streitschriften veröffentlichte, in denen sie polemisch, aber brillant und klug gegen die Geistesgrößen der sog. Gründerjahre anschrieb, gegen die «Herren Professoren», Juristen und Theologen, die von Katheder und Kanzel die Inferiorität der Frau predigten, um ihre Bastionen und Privilegien als Wissenschaft zu verteidigen. «Die Obrigkeit ist männlich», dozierte der Nationalhistoriker Heinrich von Treitschke, und der bedeutende Rechtshistoriker Otto von Gierke meinte: «Wer ... dem geschichtlich bewährten Ideal des männlichen Staates die Treue hält, würde töricht handeln, wenn er ein Zugeständnis machte ... Sorgen wir vor allem, dass unsere Männer Männer bleiben» (zit. n. Twellmann 1972, 203). Hedwig Dohm war mit dem Herausgeber der Satire-Zeitschrift *Kladderadatsch* Ernst Dohm verheiratet, hatte fünf Kinder und führte in Berlin ein großes Haus. Selbst Autodidaktin, die später zahlreiche Romane und unzählige Beiträge in den verschiedensten Zeitschriften veröffentlichte, widmete sie sich in ihren Schriften unverblümt dem ganzen Spektrum der Geschlechterfragen. Sie forderte eine gleichberechtigte Mädchenbildung, den Zugang zum Studium, das Recht auf Erwerbstätigkeit und vor allem das allgemeine Wahlrecht für Frauen, denn – so ihre mit vielen Belegen und Argumenten gespickte Schrift *Der Frauen Natur und Recht* (1876) – «die Menschenrechte haben kein Geschlecht». Aber auch den Frauen selbst, die sich hinter ihrer Mutterideologie und Weiblichkeit verschanzten, rief sie wie in einem Weckruf zu: «Erwachet, Deutschlands Frauen, ... wenn ihr Grimm genug habt, Eure Erniedrigung zu fühlen, und Verstand genug, um die Quellen Eures Elends zu erkennen. Fordert das Stimmrecht, denn nur über das Stimmrecht geht der Weg zur Selbständigkeit und Ebenbürtigkeit, zur Freiheit und zum Glück der Frau» (Dohm 1876, 183).

Aufschwung und Profilierung

Der Aufschwung der Frauenbewegung um 1890 in Deutschland verdankte sich einer neuen politischen Gelegenheitsstruktur: die Entlassung Bismarcks, die Aufhebung der Sozialistengesetze, ein neues sozialpolitisches Problembewusstsein, das auf die Befriedung der gesellschaftlichen Konflikte setzte, gleichzeitig die Verschärfung der Widersprüche zwischen traditioneller Frauenrolle und wirtschaftlicher, industriekapitalistischer Entwicklung. Die Deutung der frauenspezifischen Unrechtserfahrungen wurde von den Führerinnen der beiden Richtungen, der bürgerlichen und proletarischen, anscheinend unabhängig voneinander, aber fast gleichzeitig am Ende der 1880er Jahre zu zwei unterschiedlichen Emanzipationskonzepten verdichtet, die die Politik der Frauenbewegung bis in die 1920er Jahre bestimmen sollten.

Helene Lange (1848–1930) hatte 1887 ihre sog. *Gelbe Broschüre*, eine Petition an das preußische Unterrichtsministerium nebst Begründung in der Art eines Manifestes veröffentlicht, die großes Aufsehen erregte. Sie kritisierte darin pointiert und scharf die preußische Schulpolitik, insbesondere das Mädchenschulwesen, und begründete ihr bürgerliches Emanzipationskonzept – «Wissen ist Macht» – als Eigenrecht der Frau auf Bildung um ihrer selbst und nicht «um des Mannes willen». Es war eine deutliche Antwort auf die Beschlüsse einer Versammlung von Mädchenschullehrern, die sich noch 1872 richtungweisend darauf geeinigt hatten: «Es gilt dem Weibe eine der Geistesbildung des Mannes … ebenbürtige Bildung zu ermöglichen, damit der Mann nicht durch die geistige Kurzsichtigkeit und Engherzigkeit seiner Frau an dem häuslichen Herde gelangweilt und in seiner Hingabe an höhere Interessen gelähmt werde …» (Lange 1928, 1–6).

Helene Lange verstand es, ihre Vorstellungen zur Mädchenschulreform und Lehrerinnenausbildung mit der Forderung nach Partizipation und Gestaltung der gesellschaftlichen Verhältnisse zu verbinden. Die Petition enthielt im Kern bereits das Programm «geistiger Mütterlichkeit» bzw. «organisierter Mutterliebe», das später die berufliche und soziale Politik der bürgerlichen Frauenbewegung in ihrer mehrheitlich gemäßigten Richtung bis zum Ende der 1920er Jahre leiten sollte. Mütterlichkeit als Programm meinte nicht etwa nur biologische Mutterschaft, sondern soziale, «auf die Welt übertragene Mütterlichkeit», d. h. die gleichberechtigte Beteiligung und weiblichen Einfluss in allen Lebensbereichen, um den besonderen «Kultureinfluss der Frau zur vollen inneren Entfaltung und freier sozialer Wirksamkeit zu bringen» (so das Programm des *ADF* von 1907). Es setzte im Gegensatz zu den Feministinnen der 1848er Revolution nicht auf Gleichheit und Gleichberechtigung mit dem Manne, sondern bezog sich nun auf die Geschlechterdifferenz als Deutungsrahmen und auf eine Geschlechterphilosophie, die grundsätzlich die Wesensbestimmtheit der Frau und die daraus abgeleitete geschlechtsspezifische Arbeitsteilung unangetastet ließ. Als Gegenentwurf gegen den «naturfremden und Natur missachtenden Rationalismus ... der modernen, kapitalistischen Welt» (Bäumer 1931, 16) hatte dieses Programm in seiner Zeit einen durchschlagenden Erfolg, war gleichwohl anfällig und konnte jederzeit mit der Festlegung auf diese Frauenrolle gegen emanzipatorische Interessen vereinnahmt werden. Lange blieb die Vordenkerin, in vielfältigen Funktionen und Vorständen tätig, eine charismatische Pädagogin, die zu ihrer Zeit als die «Führerin der deutschen Frauenbewegung» verehrt wurde. Von 1893 an gab sie, später zusammen mit Gertrud Bäumer, die Zeitschrift *Die Frau* heraus, die Monatsschrift der bürgerlichen Frauenbewegung, in der in großen Leitartikeln, insbesondere der Herausgeberinnen bzw. in strenger Auswahl der Autorinnen, auf hohem intellektuellen Niveau die theoretischen Positionen und ideologischen Richtlinien der Frauenbewegung behandelt wurden.

Clara Zetkin (1857–1933) war Langes Gegenpart auf der Seite der proletarischen Frauenbewegung. Sie hielt auf dem Gründungskongress der *Zweiten Internationale* 1889 in Paris vor der Weltöffentlichkeit eine große, viel beachtete Rede über den notwendigen Zusammenhang von Sozialismus und Frauenfrage, die im Anschluss an Bebel und Friedrich Engels die sozialistische Frauenemanzipationstheorie als Parteidoktrin begründete. Danach war die «Befreiung der Frau» nur über den Weg gleichberechtigter Erwerbstätigkeit und «Schulter an Schulter» mit den Genossen durch Überwindung der kapitalistischen Verhältnisse zu erreichen (Zetkin 1957, 3–11). Die von Zetkin von 1892 bis 1917 herausgegebene Zeitschrift *Die Gleichheit* war ihr Propagandainstrument, das der Agitation und Schulung der Frauen im Klassenkampf diente und in dem alle Kontroversen ausgetragen wurden über Revisionismus, Reformismus und Revolution, vor allem aber die dogmatische Abgrenzung gegenüber der bürgerlichen Frauenbewegung begründet wurde.

Als wenn plötzlich die Schleusentore geöffnet worden wären, entstanden um 1890 neben dem *ADF*, ja oft genug aus dem Kreis der dort aktiven Frauen heraus, eine Vielzahl neuer Initiativen und Vereine, die die verschiedenen Aspekte und Probleme im Geschlechterverhältnis aufgriffen und mit neuen Mitteln der Propaganda (mit Zeitschriften, Frauenprojekten von Frauen für Frauen, Vortragsreisen und Volksversammlungen) Themen und Diskussionen anzündeten. Als wichtigste Vereine und nur beispielhaft zu nennen sind: Der *Verein Frauenwohl*, Berlin, 1888 von Minna Cauer gegründet, vereinigte zunächst alle, die später von sich reden machen sollten. Er ist wie ein ‹Wespennest› zu betrachten, aus dem sich die später führenden Persönlichkeiten rekrutierten. Gemeinsam mit Helene Lange und der Ärztin Franziska Tiburtius wurden von hier aus die ersten *Realkurse für Frauen* eingerichtet, die eine privat organisierte Fortbildung nach der *Höheren Töchterschule* boten. *Der Allgemeine Deutsche Lehrerinnenverein*, seit 1890 von Helene Lange und Marie Loeper-Housselle angeführt, bildete den Nährboden für die Konzeptionalisierung weiblicher Bildung und Berufstätigkeit. Der *Kaufmännische Hilfsverein für weibliche Angestellte* bot seit 1889 unter der Leitung von Minna Cauer seinen Mitgliedern im neuen frauentypischen Berufsbereich nicht nur Stellenvermittlung, Weiterbildung und Rechtsberatung an, sondern trieb eine quasi gewerkschaftliche, aber frauenbewusste Berufspolitik. Die *Mädchen- und Frauengruppen für soziale Hilfsarbeit*, von Jeanette Schwerin 1893 ins Leben gerufen, ab 1899 von

Alice Salomon (1872–1948) geführt, bildeten durch die Verbindung von praktischer und theoretischer Ausbildung die Wiege für die Professsionalisierung weiblicher Sozialarbeit. Der *Rechtsschutzverein Dresden* wurde 1894 von *Marie Stritt* (1855–1928) gegründet und bot nicht nur kostenlose Rechtsberatung für Frauen, sondern wurde zum Vorbild für ein ganzes Netz von Rechtsschutzstellen und zum Ausgangspunkt für eine feministische Rechtspolitik (1914 gab es in Deutschland 97 Rechtsschutzstellen von Frauen für Frauen).

Alle diese Vereine schlossen sich 1894 zu einem Dachverband, dem *Bund Deutscher Frauenvereine (BDF)*, zusammen. Die Anregung hierzu war von den Amerikanerinnen ausgegangen. Nachdem drei Mitglieder des *ADF* einer Einladung zur Generalversammlung des *International Council of Women (ICW)* gefolgt waren, die anlässlich der Weltausstellung 1893 in Chicago abgehalten wurde, kamen sie mit der Idee zurück, entsprechend dem amerikanischen nationalen Frauenrat «durch organisiertes Zusammenwirken … die gemeinnützigen Frauenvereine zu stärken, um ihre Arbeit erfolgreich in den Dienst des Familien- und Volkswohls zu stellen». So § 2 der Satzung, der ausdrücklich ein Zusammengehen nur in solchen «allgemeinen Arbeitsgebieten» vorsah, «zu denen alle von Herzen ihre Zustimmung geben können». Als nationale Dachorganisation, die u. a. Voraussetzung war für die Mitgliedschaft im *ICW*, vereinigte der *Bund Deutscher Frauenvereine* 34 höchst unterschiedliche Vereine und bildete nach der Jahrhundertwende mit über 130 Vereinen und 70000 Mitgliedern, 1912 mit rund 330000 Mitgliedern (Bäumer 1921, 23) einen Faktor im politischen und kulturellen Leben.

Gleichwohl war der *BDF* von Anbeginn mit einem Konstruktionsfehler behaftet, über den viel gestritten und diskutiert wurde: Er hatte die sozialdemokratisch orientierten Arbeiterinnenvereine ausgeschlossen bzw. gar nicht erst zur Kooperation eingeladen. Diese Vorsicht gehorchte, wie die Mehrheit der Beteiligten immer wieder versicherte, den Vereinsgesetzen (Bäumer 1921, 17) und spiegelte, ja verstärkte die die Gesellschaft der Jahrhundertwende beherrschenden Klassengegensätze. Da die

Arbeiterinnenbewegung auch nach Aufhebung der Sozialistengesetze von den staatlichen Behörden immer noch als «politisch» eingestuft und weiterhin verboten und drangsaliert wurde, hatte sie seit 1889 sog. «Frauenagitationskommissionen» eingerichtet, die ohne Statuten, Mitgliederlisten oder Vorsitzende die Vereinsgesetze zu unterlaufen suchten. Die grundsätzliche Unvereinbarkeit beider Bewegungen begründete Clara Zetkin damit, dass die bürgerlichen Frauen einen Kampf *gegen die Männer* ihrer eigenen Klasse führten, während die Proletarierinnen «in enger Ideen- und Waffengemeinschaft mit den Männern ihrer Klasse» für «die Beseitigung der bürgerlichen Gesellschaft» kämpften (*Die Gleichheit* Nr. 8, 1894).

Es gab auch Grenzgängerinnen, die die Fronten wechselten oder zu vermitteln suchten, z. B. Wally Zepler, Johanna Loewenherz oder Henriette Fürth, die in wichtigen Sachfragen für punktuelle Bündnisse mit der bürgerlichen Frauenbewegung wie Mutterschutz, Stimmrecht oder Fabrikinspektion eintraten. Sie wurden von Zetkin als Revisionistinnen ausgegrenzt und veröffentlichten daher vorwiegend in den *Sozialistischen Monatsheften*. «Jede Frau», so Loewenherz, «gehört zweien Klassen an: der Klasse der *Frau*, und der … sie durch die Medien Gatte und Vater angehört» (*Sozialistische Monatshefte* 1897, Nr. 6, 359). *Lily Braun-Gizycki* (1865–1916), die zunächst Mitglied im Verein *Frauenwohl* war und zum «linken Flügel» des *BDF* gehörte, wechselte 1896 zur *SPD*. Doch auch sie hatte neben Clara Zetkins Führungsanspruch keine Chance. In einer mitreißenden Rede hatte Braun 1894 in einer öffentlichen Versammlung des Vereins *Frauenwohl* in Berlin das Frauenstimmrecht als «Bürgerpflicht der Frau» gefordert. 1901 veröffentlichte sie ihr umfassendes Werk *Die Frauenfrage*, in dem sie sowohl die Frauenbewegung der Gegenwart in eine historische Tradition stellte – mit Bezugnahme u. a. auf Olympe de Gouges und Mary Wollstonecraft – als auch «ihre wirtschaftliche Seite», insbesondere die Lage der Arbeiterinnen, anhand umfangreichen statistischen und empirischen Materials auch im internationalen Vergleich umfassend analysierte. Bebel empfahl das Buch, weil es in der Literatur über die Frauenfrage einen der ersten Plätze einnehme.

Sternstunde oder verpasste Gelegenheit: Der Kongress 1896

Lediglich ein einziges Mal ergab sich in der Folge die Gelegenheit, dass die Protagonistinnen der beiden Klassen aufeinandertrafen und ihre grundsätzliche Kontroverse in der Öffentlichkeit vor großem Publikum austrugen, und zwar auf dem *Internationalen Kongress für Frauenwerke und Frauenbestrebungen* in Berlin im September 1896. Zu seinen Initiatorinnen gehörten Lina Morgenstern und Minna Cauer sowie Hedwig Dohm, nicht der *BDF*. Eine Woche lang debattierten hier 1700 Teilnehmerinnen aus allen Ländern Europas und den USA in den Räumen des Berliner Rathauses über das weite Spektrum der Frauenfragen, vor allem über den Stand der Frauenbewegung in den verschiedenen Ländern – bei dieser Gelegenheit informierte die französische Delegierte Eugénie Potonié-Pierre über die üblich gewordene Verwendung des Begriffs «Feminismus» in der französischen Presse – von hier aus trat er seinen Siegeszug um die Welt an (vgl. Einleitung). Thematische Schwerpunkte waren Mädchenerziehung, Berufsbildung und Studium, Frauenarbeit und Wohlfahrtseinrichtungen, die Sittlichkeitsfrage, Kunst und Literatur, Frauenrechte und schließlich die hochpolitische Frage, auf welchen Arbeitsgebieten für «die gesamte Frauenwelt» eine klassenübergreifende Kooperation möglich wäre. Die Veranstalterinnen hatten diesmal bewusst auch die sozialdemokratischen Führerinnen und die *Vaterländischen Frauenvereine* eingeladen. Die Sozialdemokratinnen hatten abgelehnt, dennoch war Clara Zetkin gekommen und meldete sich zu Wort, «nicht als Teilnehmerin des Kongresses, sondern als Zuhörerin und Gegnerin». Erneut lehnte sie jegliche Zusammenarbeit ab, erkannte jedoch die Notwendigkeit von Reformen an, nicht ohne hinzuzufügen: «Aber die Arbeiterklasse dankt Euch für diese Reformen nicht, denn … das ist nur ein Quentchen gegenüber der Schuld der kapitalistischen Gesellschaft.» In der anschließenden lebhaften Debatte kam es zu einem Schlagabtausch, der alle Klischees und Unvereinbarkeiten bediente. Obgleich Zetkin die Selbstbezeichnung «revolutionäre Klasse» in ihrer «geschichtlichen Bedeutung», nicht im «Wachstubenjargon» verstanden wissen wollte, griff Anita Augspurg vehement ein und wehrte sich gegen «die Bluttaten einer Revolution», eine andere meinte, hier wäre von «Umsturz» die Rede. Es zeigte sich, dass ausländische Teilnehmerinnen (z. B. die Baronesse Gripenberg aus Finnland) diesen verbissenen Streit gar nicht verstanden, da sie von sehr gelungenen Kooperationen zwischen Bürgersfrauen und Arbeiterinnen berichten konnten. Deshalb versuchte Lily Braun «zur Orientierung der Ausländerinnen» zu erklären, «dass die Verhältnisse in Deutschland infolge der allgemeinen sozialen und wirtschaftlichen Entwicklung so vollständig verschiedene sind von denen Englands, Amerikas und der Schweiz». Der Kathedersozialist Gottlieb von Schnapper-Arndt aber gemahnte die bürgerlichen Frauen an die Dienstbotenfrage, in der sich die «Damen» als Herrschaften «ihren Schwestern gegenüber» oft genug gar nicht solidarisch oder fortschrittlich verhielten. Minna Cauer, die die Versammlung geleitet hatte, versuchte, noch in ihrem Schlusswort zu vermitteln. Sie lobte nicht zuletzt die Presse, die zahlreichen Vertreter aus dem In- und Ausland, die tagtäglich in nahezu allen bedeutenden Zeitungen und Zeitschriften über den Kongress und seine Inhalte berichtet hatten. Man kann sagen, die Frauenbewegung war mit diesem Kongress auch in der deutschen Öffentlichkeit angekommen (Int. Kongress 1897, 393 ff.).

Cauer hat bis zu ihrem Tod mit Clara Zetkin eine freundschaftliche Verbindung gepflegt. Von *Minna Cauer* (1841–1922) war nun schon mehrfach die Rede. Tatsächlich war sie eine der ‹großen Damen›, die den Aufschwung der Frauenbewegung durch vielfältige Initiativen mitgetragen hat und immer an der Spitze der grundsätzlich «bis an die Wurzeln des Übels» gehenden, «radikalen» Richtung auf der bürgerlich-liberalen Seite der Frauenbewegung stand – so ihre Selbstbeschreibung. Sie war nicht «nur» Frauenrechtlerin, sondern auch eine radikale Demokratin, das war ihr wichtig. Sie pflegte zeit ihres Lebens engen Kontakt mit der Gruppe linksliberaler Politiker, die später in der *Demokratischen Vereinigung* als erste liberale Partei für das Frauenstimmrecht eintraten. Neben dem Vorsitz im Verein

Frauenwohl, den sie bis 1919 behielt, neben dem Engagement für die Berufswege kaufmännischer Angestellter und Krankenschwestern, für die Einrichtung der *Realkurse für Frauen* oder als Organisatorin des Kongresses von 1896, war eine Fülle weiterer Initiativen und Vereinsgründungen mit ihrem Namen verknüpft. Zusammen mit Anita Augspurg betrieb sie 1899 die Gründung des *Verbandes fortschrittlicher Frauenvereine,* der sich wegen grundsätzlicher Differenzen in der Stimmrechtsfrage und im Umgang mit Prostitution und Sexualreform als Alternative zum «gemäßigten» *BDF* verstand und um die Jahrhundertwende Themen und Aktionen der Frauenbewegung in der Öffentlichkeit prägte. Cauer gab von 1895 bis 1919 die Zeitschrift *Die Frauenbewegung* heraus, sie war ihr Sprachrohr und ihrLebenswerk, zugleich Chronik und Plattform aller Richtungen und Debatten in der Frauenbewegung.

Themen und Debatten

Das Spektrum der Frauenfragen, die um 1900 zur Sprache kamen und öffentlich debattiert wurden, umfasste alle Lebensbereiche, repräsentiert es doch die Anliegen einer «Hälfte der Menschheit». Die wichtigsten Streitpunkte, Niederlagen und Errungenschaften der Frauenbewegung sollen kurz resümiert werden.

Auf dem Gebiet der *Mädchenbildung*, beruflichen Bildung für Frauen und des *Frauenstudiums* konnte die bürgerliche Frauenbewegung dank ihrer Hartnäckigkeit und überzeugenden Konzepte bis zum Ersten Weltkrieg die nachhaltigsten Erfolge erzielen. Nach der Einrichtung von «Realkursen» für Frauen, bei denen neben einer allgemein vertiefenden Bildung die Naturwissenschaften und Nationalökonomie im Vordergrund standen, wurden 1893 unter der Leitung von Helene Lange Gymnasialkurse eröffnet, die eine dem humanistischen Gymnasium entsprechende Ausbildung anboten, um Frauen für die Reifeprüfung und das Universitätsstudium vorzubereiten. Die Lehrer waren Gymnasiallehrer im Nebenamt oder prominente Förderer aus der Wissenschaft, z. B. Max Weber und Gustav Schmoller. Die ersten Absolventinnen bestanden 1896 unter den Augen einer kritischen Öffentlichkeit extern an einem Jungengymnasium ihr Abitur mit glänzenden Noten.

Gleichzeitig hatte der *Frauenverein Reform* auf Initiative von Hedwig Kettler 1893 in Karlsruhe eine erste sechsklassige Gymnasialanstalt für Mädchen eröffnet und verfocht das Prinzip der Koedukation. Sehr viel schwieriger gestaltete sich die Zulassung von Frauen zum Universitätsstudium. In dieser Hinsicht war die Rückständigkeit Deutschlands im Vergleich zum europäischen Ausland und zu den USA besonders auffällig: In den USA studierten Frauen seit 1833, in Zürich seit den 1840er Jahren, in Frankreich seit 1863, England seit 1869, Schweden seit 1873 etc. Eine Erklärung könnte sein, dass die deutsche Universität für Männer der bürgerlichen Schichten in einer nach wie vor ständisch und autoritär strukturierten Gesellschaft *die* entscheidende Schleuse für sozialen Aufstieg und damit zugleich Rekrutierungsfeld für Staatsbeamte war, ein männlich-exklusives «Berechtigungswesen» (Ludwig von Friedeburg 1989), das gerade deshalb von den Aufsteigern bis ins 20.Jahrhundert mit den absurdesten Argumenten verteidigt wurde (vgl. hierzu Arthur Kirchhoff, Die akademische Frau. Gutachten hervorragender Universitätsprofessoren 1897). Hatte der *ADF* schon 1889 einen Stipendienfonds für das Auslandsstudium von Frauen eingerichtet, so setzte die Frauenbewegung in den 1890er Jahren mit Massenpetitionen, Anfragen an Landtage und Regierungen, Vorträgen und der Ausarbeitung von Reformkonzepten eine Bildungsoffensive in Gang, die in der Öffentlichkeit Wirkung zeigte. Nachdem endlich wohlwollende Professoren Frauen im Einzelfall die Zulassung als Gasthörerinnen gestattet hatten, war die badische Landesregierung um 1900 die erste, die Frauen offiziell zur Immatrikulation an den Universitäten in Heidelberg und Freiburg zuließ. 1906 folgte Sachsen und endlich 1908 auch Preußen. Die Zulassung wurde nun im ganzen Deutschen Reich zusammen mit einer «Neuordnung des Mädchenschulwesens» gesetzlich geregelt.

Ein wesentlicher Motor zur Initiierung einer Massenbewegung waren die *Kämpfe ums Recht*, vor allem um die Stellung der Frau im Zivilrecht. Seit 1871 stand mit der Reichsgründung die Vereinheitlichung des deutschen Privatrechts an, da bis dahin als Folge der Kleinstaaterei sehr unterschiedliche Rechtsquellen, Kodifikationen, aber auch verschiedene Stadtrechte, Statuten und Gewohnheitsrechte die Rechtslage höchst unübersichtlich gestalteten. Schon 1877 hatte deshalb der *ADF* eine im Blick auf die Rechte der Frau und Mutter gründlich erarbeitete Petition an die mit dem Entwurf für ein Bürgerliches Gesetzbuch (BGB) befasste Kommission des Reichstages geleitet mit der Ermahnung, «bei Abänderung der Zivilgesetzgebung die Rechte der Frauen besonders auch im Ehe- und Vormundschaftsrecht zu berücksichtigen» (*Neue Bahnen* 1877, Nr. 8, 57–64). Als sich jedoch Anfang und Mitte der 1890er Jahre bei den Lesungen der Entwürfe im Reichstag abzeichnete, dass das neue Familienrecht die alten Vorrechte der Ehemänner und Väter, die Bevormundung in allen die Ehe und Erziehung der Kinder betreffenden Angelegenheiten, die Verwaltung und Nutznießung ihres Vermögens sowie die unwürdige Stellung der nicht ehelichen Kinder und ihrer Mütter nicht nur aufrechterhielt, sondern in verschleiernden Worten neu befestigte, setzte ein Proteststurm ein, der alle Richtungen der Frauenbewegung, auch die proletarische, vereinigte. Hier war das Unrechtsempfinden im eigenen Erfahrungsraum der Frauen an empfindlicher Stelle getroffen. Der Verein *Frauenwohl* sowie die Rechtskommission des *BDF* unter der Leitung von *Marie Stritt* (1855–1928) initiierten mehrere Petitionen, Resolutionen mit Zigtausenden Unterschriften sowie Massenkundgebungen, die spöttisch als «Frauenlandsturm» charakterisiert wurden. Clara Zetkin forderte ihre sozialdemokratische Reichstagsfraktion auf, «rückhaltlos für die volle rechtliche Gleichstellung der Geschlechter einzutreten». Auch einige prominente Männer, Professoren, Künstler, Juristen, darunter der Geheime Justizrat Carl Bulling oder der Sozialdemokrat Anton Menger, sprangen den Frauen in letzter Minute zur Seite. Doch es half alles nichts: «... das Familienrecht und die wichtigsten Lebensfragen der größeren Volkshälfte», so empörte sich die Berichterstatterin Marie Stritt, wurden «in ganz oberflächlicher Weise erledigt, wohl unter üblicher Betonung der ‹idealen› Standpunkte, der ‹gottgewollten Ordnung›, des ‹Schutzes des schwachen Geschlechts› – aber auch meist unter einer das gewohnte Maß übersteigenden Heiterkeit ...» Es bedurfte großer Anstrengungen, um alle die Bestimmungen des BGB, die die Frauen damals schon als «unwürdig, unzeitgemäß und kulturhemmend» kritisierten, nach 1949, nach der Verankerung des Art. 3 GG – wie Stritt prophezeit hatte – quasi als «Abschlagszahlungen auf die Forderungen der Frauen» vor 1900 zu berichtigen, in Westdeutschland erst 1957 durch das Gleichberechtigungsgesetz bzw. 1977 durch die Familienrechtsreform (Stritt 1901, 145 f.).

Marie Stritt, für deren politisches Engagement die Rechte der Frauen vom Stimmrecht bis zur Liberalisierung des Abtreibungsrechts von grundlegender Bedeutung waren, war von 1899 bis 1910 Vorsitzende des *BDF*, in einer Zeit der Höhepunkte und Richtungskämpfe. Doch ihr Versuch, gerade auch in Rechtsfragen zwischen der gemäßigten Mehrheit und den Radikalen zu vermitteln, schlug fehl, sie wurde 1910 als Vorsitzende abgewählt, gab jedoch noch bis 1921 das Publikationsorgan *Die Frauenfrage. Das Centralblatt des BDF* heraus. An ihrer Stelle übernahm nun bis 1920 *Gertrud Bäumer* (1873–1954), seit dem Ende der 1890er Jahre Arbeits- und Lebensgefährtin Helene Langes, Vorsitz und Regie im *BDF*.

Im Zentrum der Auseinandersetzungen vor 1914 standen das *Frauenstimmrecht* und damit die grundsätzliche Frage, ob das Wahlrecht Ausgangspunkt oder erst die Krönung aller Frauenbestrebungen sein solle. Denn dass Frauen in Zukunft aktiv und passiv wahlberechtigt sein sollten, war unter allen Frauenrechtlerinnen unstrittig, die Frage war nur, wann, und ob es strategisch sinnvoll wäre in einer Zeit, in der auch Männer außer im Reichstag in den meisten deutschen Teilstaaten bis 1918 kein allgemeines und gleiches, vielmehr nur ein nach Besitz geschichtetes Wahlrecht hatten (z. B. das Drei-Klassen- in Preußen, Acht-Klassen-Wahlrecht in Bremen). Hinzu kam, dass bisher lediglich die SPD das Frauenwahlrecht 1891 in das Erfurter Programm aufgenommen und 1896 zum ersten Mal im Reichstag eingebracht hatte, was die Forderung in die Nähe des «Umsturzes» rückte. Während die «Gemäßigten» in durchaus realistischer Einschätzung der deutschen Parlamentarier ihre Taktik verteidigten, Frauen sollten erst «Leistungen» auf sozialem und kulturellem Gebiet erbringen, um mit diesen «Trümpfen in der Hand ... die geschichtlichen Mächte vorwärts zu treiben» (Lange 1928, 195), beharrten die anderen auf dem Menschenrecht, als freie und gleiche Staatsbürgerin an Selbstbestimmung und Gesetzgebung beteiligt zu sein. Für die einen war die Frauenfrage somit vor allem eine Kulturfrage mit dem Ziel, «weibliche Eigenart» auf allen Lebensgebieten zur Ergänzung und Korrektur männlicher Einseitigkeit zur Geltung zu bringen, für die anderen war sie eine Rechtsfrage. Dieses moderne, naturrechtlich begründete Vertrauen auf Recht als das einzig legitime Instrument zur Herstellung gerechter Verhältnisse hat *Anita Augspurg* (1857–1943) 1895 in der ersten Nummer der Zeitschrift *Die Frauenbewegung* zum Ausdruck gebracht: «Die Frauenfrage ist zwar zum großen Teil Nahrungsfrage, vielleicht in noch höherem Maße Kulturfrage, ... in allererster Linie ist sie Rechtsfrage, weil nur auf der Grundlage verbürgter Rechte ... an ihre sichere Lösung gedacht werden kann ... Was immer eine einzelne Frau erreicht und erringt in Kunst, in Wissenschaft, in Industrie, an allgemeinem Ansehen: Es ist etwas Privates, Persönliches, Momentanes ... es haftet ihm immer der Charakter des Ausnahmsweisen an und kann daher nicht zur Regel werden, nicht Einfluss gewinnen auf die Allgemeinheit.» (*Die Frauenbewegung* 1895, Nr. 1, 4)

Anita Augspurg war die erste deutsche Juristin, die in Zürich studiert und promoviert hatte und als streitbare Publizistin Frauenrechte und «Geschlechtsjustiz» auf die politische Agenda brachte. Sie war es, die Anfang 1902 zusammen mit ihrer Lebensgefährtin Lida Gustava Heymann und Minna Cauer den ersten *Deutschen Verein für Frauenstimmrecht (DVF)* gründete, und zwar in Hamburg, weil die Vereinsgesetze Frauen hier nicht explizit von politischer Betätigung ausschlossen. Er entwickelte sich von da aus über Einzelmitgliedschaften zu einem Propagandaverein für ganz Deutschland. Das war die Voraussetzung, um auch international in der Stimmrechtsbewegung vertreten zu sein, die sich 1902 zu einer ersten internationalen Stimmrechtskonferenz in Washington D.C. getroffen hatte. Denn im internationalen Vergleich war das Frauenstimmrecht in Deutschland spät zu einem öffentlich verhandelten Thema geworden. Das lag zweifellos an den Vereinsgesetzen, aber auch an mangelnder demokratischer Übung und einem hartnäckigen Antifeminismus, den Hedwig Dohm 1902 in ihrer Essaysammlung *Die Antifeministen* scharfzüngig analysierte und ironisierte. 1902 nahm nun auch der *BDF* die Wahlrechtsforderung in sein Programm auf.

Nicht weniger dramatisch verliefen die Auseinandersetzungen in der Sittlichkeitsfrage. Der 1889 von *Hanna Bieber-Böhm* (1851–1910) gegründete *Verein Jugendschutz*, der den *BDF* zunächst mutig in die Pflicht genommen hatte, nicht in moralischer Entrüstung die Augen vor dem Elend der Prostitution zu verschließen, obwohl dabei «sehr peinliche Dinge berührt» wurden, verfolgte aus Gründen des Jugendschutzes zunehmend ein Verbot und also die Strafverfolgung der Prostituierten wie der männlichen Kunden. Die Bestrafung aber widersprach den von Josephine Butler (1828–1906) begründeten Prinzipien der *Internationalen Abolitionistischen Föderation,* die grundsätzlich nur das System staatlicher Reglementierung abschaffen wollte (englisch «to abolish», was sich in deutlicher Anlehnung an diesen Terminus für die Sklavenbefreiung auch gegen die «sexuelle Sklaverei» richtete). Zur Bekämpfung der Reglementierungspraxis wurden zum Ende des Jahrhunderts Zweigvereine der *Internationalen Föderation* in Hamburg, Berlin und Dresden gegründet. Insbesondere der Hamburger Verein unter der Leitung von *Lida Gustava Heymann* (1868–1943) nahm unter persönlichem Einsatz im Hafenmilieu den Kampf gegen das Bordellwesen in ihrer «Vaterstadt» auf. Die wohlhabende Kaufmannstochter und Lebensgefährtin von Anita Augspurg leistete feministische Pionierarbeit mit einem ersten Frauenzentrum, das sowohl einen Mittagstisch für Arbeiterinnen und Angestellte, einen Kinderhort, eine Beratungsstelle sowie Rechtsschutz als auch Räume für Geselligkeiten, Abendunterhaltungen, Vorträge und Vereinsversammlungen anbot. Für die auch in Deutschland nach der Jahrhundertwende erstarkende abolitionistische Bewegung gab Katharina Scheven eine eigene Monatsschrift *Der Abolitionist*

(1902–1933) heraus, die unter dem Motto «Es gibt nur eine Moral, sie ist die gleiche für beide Geschlechter» sich auf die Themen Prostitution, Mädchenhandel und Geschlechtskrankheiten konzentrierte.

Als schließlich *Helene Stöcker* (1869–1943) noch einmal viel grundsätzlicher in die Debatte um Sittlichkeit, Sexualaufklärung, Abtreibung und Homosexualität eingriff und die herrschende Sexualmoral ins Zentrum ihrer Gesellschaftskritik stellte, brach ein Meinungsstreit aus, der die Fronten noch einmal vertiefte. Ihre Kritik an der Institution der Ehe und ihr Eintreten für eine «freie» und selbstbestimmte Liebe, eine «neue Ethik» wechselseitiger Anerkennung zwischen den Geschlechtern und die «Umwertung der Werte» wurde als skandalös gebrandmarkt. Ihr sozialpolitisches Programm zum Mutterschutz, das nicht nur eine allgemeine Mutterschaftsversicherung, sondern gerade auch die Gleichberechtigung der nicht verheirateten Mütter und nicht in einer Ehe geborenen Kinder beinhaltete, rührte so gefährlich an die Grundfesten der bürgerlichen Ordnung, dass Helene Lange es scharf und polemisch als «feministische Gedankenanarchie» geißelte. Stöcker gründete 1905 den *Bund für Mutterschutz und Sexualreform*, dem der *BDF* jedoch die Aufnahme in seine Reihen verweigerte.

Die Unterscheidung zwischen Gemäßigten und Radikalen ist in der Frauengeschichtsforschung neuerdings problematisiert und trotzdem in allen Darstellungen weiterhin verwendet worden. Sie ist zutreffend, weil die Zuschreibungen von den Beteiligten auf beiden Seiten entweder zur Selbstbezeichnung oder Abgrenzung benutzt wurden. Das heißt nicht, dass es nicht immer wieder Querverbindungen und wechselnde Kooperationen gab, etwa in der Frage der Reform des § 218 StGB, zu der die Rechtskommission des *BDF* mit Marie Stritt und unter der Leitung von *Camilla Jellinek* (1860–1940), lange Zeit Leiterin der Rechtsschutzstelle in Heidelberg, Vorschläge zur Streichung des Paragraphen erarbeitet hatte, die jedoch 1908 von der Mehrheit im Bund überstimmt und abgelehnt wurden. Und obwohl die einen ihre Zielsetzungen in die Forderung nach gleichen Rechten kleideten und die anderen die wesensgemäße Verschiedenheit der

Geschlechter betonten, wäre es zu einfach, die ideologischen Meinungsverschiedenheiten in der Terminologie von Gleichheit und Differenz zu erklären. Denn auch unter den Radikalen waren viele der Auffassung, dass es eine wesensgemäße oder zumindest sozial hergestellte Geschlechterdifferenz gebe, die Frauen in besonderer Weise befähige, politisch zu wirken. Es waren also nicht nur Unterschiede zwischen einer «jüngeren» und der «älteren» Richtung oder nur eine Frage des Tempos und des Stils, vielmehr äußerte sich im Richtungsstreit ein unterschiedliches Verständnis von Staat und Nation, von Gesellschaft und Individuum. Obwohl sich beide Richtungen als Vertreterinnen des politischen Liberalismus verstanden, beeinflusste ihr Verhältnis zu Staat und Recht und Menschenrechten letztlich auch ihre Bereitschaft zu internationaler Orientierung und Kooperation (s.u.). Mit der Gründung auch konfessioneller Frauenverbände wie dem *Deutsch-Evangelischen Frauenbund (DEF)* 1899 und dem *Jüdischen Frauenbund (JFB)* 1904, die beide dem *BDF* beitraten, und dem *Katholischen Frauenbund* ebenfalls 1904, der sich fernhielt, sich jedoch als Teil der Frauenbewegung verstand, verbreiterte sich nicht nur die Basis der Bewegung beachtlich, auch das Spektrum der Ansichten zur Geschlechterordnung wurde bunter. In jedem Fall aber waren die in aller Öffentlichkeit ausgetragenen Richtungskämpfe ein Zeugnis für die Breite und Lebendigkeit der Bewegung, deren Programmatik und politische Relevanz nun eigentlich nicht mehr zu übergehen war.

Ein wichtiges Datum und politischer Erfolg in dieser Zeit war schon nach Ansicht der Zeitgenossinnen «mit goldenen Lettern in die Geschichte der Frauenbewegungen einzuzeichnen». Nach mehr als einem halben Jahrhundert des Verbots politischer Betätigung von Frauen in Versammlungen und Vereinen, nach Verfolgung, polizeilichen Schikanen und Protestaktionen wurden 1908 endlich die Vereinsgesetze aus der Reaktionszeit nach 1848 durch ein einheitliches Reichsvereinsgesetz abgelöst. Es gewährleistete Vereinigungs- und Versammlungsfreiheit, ohne «Frauenspersonen» überhaupt noch zu erwähnen.

Internationales und Krieg

Noch einmal war die international organisierte Frauenwelt in Deutschland zu Gast, und zwar im Juni 1904 zur Weltfrauenkonferenz des *International Council* in Berlin. Es war ein glänzendes gesellschaftliches Ereignis, zu dem der *BDF* turnusmäßig die Vertreterinnen von 7 Millionen Mitgliedern in 24 Ländern eingeladen hatte. Mehr als 2000 Frauen waren gekommen, die eine Woche lang das Bild der Berliner Öffentlichkeit bestimmten, darunter die hochbetagte *Susan B. Anthony* (1820–1906), Weggefährtin von Elizabeth Cady Stanton; beide hatten zusammen seit 1850 die amerikanische Frauenbewegung angeführt. Für die deutsche Frauenbewegung und ihr Publikum war es eine Demonstration der Stärke und Vielfalt ihrer Bestrebungen und zugleich der Nachweis, dass die Frauenbewegung eine «mächtige internationale Kulturbewegung» war (Lange 1904). In Sektionen wurden die vier zentralen Arbeitsfelder im Ländervergleich erörtert: Frauenbildung, Frauenerwerb und -berufe, die sozialen Einrichtungen sowie die rechtliche Stellung der Frau, eingeleitet durch das Credo, das Marie Stritt als Vorsitzende des *BDF* in ihrer Eröffnungsansprache so formulierte: «Nicht um dem Manne *gleich* zu werden, sondern um mehr und ganz *sie selbst* sein zu können, fordert die Frau das Recht der freien Selbstbestimmung auch für sich …, sondern weil wir *andersartig*, der menschlichen Kultur, der Welt da draußen *als Frauen* ganz andere, neue, höchste Werte zu geben haben, Güter, die ihr bis heute gefehlt haben …» (Int. Frauen-Kongress 1904, 5 f.) Im Kongressband findet sich auch der Vortrag einer schwarzen Amerikanerin, Mary Church Terrell, die, wie sie selbst sagte, «Aufmerksamkeit verdient: Erstens bin ich die einzige Frau auf diesem Kongress, welche eine Rasse vertritt, die sich kaum 40 Jahre der goldenen Freiheit erfreut, und zweitens die einzige, deren Eltern tatsächlich Sklaven waren. Ich freue mich der Emanzipation meiner Rasse und dann der allgemeinen Erhebung des weiblichen Geschlechts.» (ebd. 567)

Daneben wurde ein opulentes Rahmenprogramm inszeniert. Dazu gehörten kulturelle Veranstaltungen und Einladungen bei nahezu allen bedeutenden Persönlichkeiten, z. B. beim Reichskanzler von Bülow, und eine Audienz der internationalen Prominenz bei der Kaiserin Augusta. Die Presse berichtete ausführlich in Schrift und vielen Bildern. Dass die Frauenbewegung damit nicht nur «gesellschafts- und salonfähig, ja, sogar hoffähig» geworden, gab Minna Cauer in einem Kommentar ihrer Zeitschrift allerdings zu denken.

Im Zusammenhang, doch nicht im Einvernehmen mit den Veranstalterinnen dieser Konferenz des *International Council of Women (ICW)* war wenige Tage zuvor ebenfalls in Berlin eine andere internationale Dachorganisation gegründet worden, der Weltbund für Frauenstimmrecht, die *International Woman Suffrage Alliance of Women (IWSA)* (vgl. Rupp 1998). Weil sich der Internationale Frauenrat *(ICW)* in seiner Satzung zu absoluter politischer Neutralität und damit nur auf den kleinsten gemeinsamen Nenner der Gemeinnützigkeit verpflichtet hatte, drängten die radikalen Demokratinnen auch auf internationaler Ebene auf eine entschiedenere Politik, um vorbehaltlos für die Rechte der Frauen, vor allem das Stimmrecht einzutreten. Die Anwesenheit der organisierten internationalen Frauengemeinschaft in Berlin für die Gründung einer zweiten internationalen Frauenorganisation zu nutzen, war ein Schachzug, den die niederländische Ärztin und Frauenrechtlerin *Aletta Jacobs* (1854–1929) gemeinsam mit Augspurg und Heymann ausgeheckt hatte. Präsidentin wurde die Amerikanerin Carry Chapman Catt und Anita Augspurg Vizepräsidentin.

Auch die proletarische Frauenbewegung – seit 1889 auf die Zweite Internationale ausgerichtet – organisierte sich international. 1907 luden die deutschen Genossinnen zur Ersten Internationalen Konferenz sozialistischer Frauen nach Stuttgart ein. Auf der Zweiten Internationalen Konferenz in Kopenhagen im Jahr 1910 wurden gemeinsame Agitationen für das Stimmrecht beschlossen und dazu am 19. März 1911 parallel in Dänemark, Deutschland, Österreich und der Schweiz zum ersten Mal der *Internationale Frauentag* veranstaltet.

Doch die so emphatisch verkündete internationale Frauensolidarität zerbrach mit dem Ersten Weltkrieg weitgehend. Diese erste Bewährungsprobe bestand nur eine Minderheit in der bürgerlichen als auch in der proletarischen Frauenbewegung. Der *BDF* unter dem Vorsitz von Gertrud Bäumer ergriff bereits in den ersten Augusttagen des Jahres 1914 die Initiative, «um eine große, ganz Deutschland umfassende Organisation ins Leben zu rufen, ... wenn die Schicksalsstunde schlägt»: Der *Nationale Frauendienst (NFD)*, der den Kriegsdienst der Frauen an der «Heimatfront» organisierte, war eine Zusammenfassung aller Frauengruppen, Vereine und Wohlfahrtseinrichtungen und galt als die große Bewährungsprobe, mit der die Frauen ihre in vielfältigen sozialen Hilfstätigkeiten erfahrene und inzwischen professionelle Schulung im Bereich der Wohlfahrtspflege, des Fürsorgewesens, aber auch der kommunalen Verwaltung unter Beweis stellen konnten. Auf der Woge der Kriegsbegeisterung und nationaler Überheblichkeit, die die Massen ergriff, Männer und Frauen, kooperierte nun der *BDF* auch mit den bisher nicht angeschlossenen konfessionellen Verbänden sowie mit den *Vaterländischen Frauenvereinen.* Eine wichtige Rolle spielten dabei auch der *Reichsverband deutscher Hausfrauen* sowie der *Reichsverband landwirtschaftlicher Hausfrauenvereine*, die sich 1914 und 1915 überregional organisierten und von da an im *BDF* die stärksten Einzelorganisationen waren. Auch die Vertreterinnen der sozialdemokratischen Frauenvereine arbeiteten vor Ort mit dem *NFD* Hand in Hand. Denn auch für die Mehrheit der Sozialdemokratinnen galten der «Burgfrieden» und das Kaiserwort vom 4. August 1914: «Ich kenne keine Parteien mehr; ich kenne nur noch Deutsche.» Kriegsgegnerinnen wie Clara Zetkin und Rosa Luxemburg gerieten nun in die Opposition innerhalb der eigenen Partei, die 1917 zur Abspaltung der *USPD* führte. Zetkin berief im März 1915 gegen den Willen der Parteileitung als Protestveranstaltung gegen den Krieg eine *Internationale Sozialistische Frauenkonferenz* nach Bern ein und wurde von da an wegen Landesverrats verfolgt und von der Zensurbehörde schikaniert. Sie musste 1917 auch die Redaktion der Zeitschrift *Die Gleichheit* abgeben.

Auch in den anderen Krieg führenden Ländern ließen sich die Organisationen der Frauenbewegungen zu nationalen Kriegsdiensten, in der Kriegsindustrie und Lebensmittelversorgung verpflichten. Der *ICW* legte mit dem Ausbruch des Krieges seine internationalen Beziehungen auf Eis. Seine Vorsitzende, Lady Aberdeen, drückte in einem Brief an Gertrud Bäumer ihren großen Kummer darüber aus, gleichzeitig betonte sie aber: «Wir alle sind froh darüber, dass die Frauen überall in der Welt dem Ruf der Pflicht und der Opferbereitschaft in so wunderbarer Weise gefolgt sind ... und dass es die beste Richtschnur für uns ist, wenn die Frauen jedes Landes das tun, was ihnen in ihrer Eigenschaft als Bürgerinnen des betreffenden Landes als Pflicht erscheint.» (HLA, Abt. 5, 18–74) Im Gegensatz zum *ICW* versuchte der Internationale Stimmrechtsverband (*IWSA*, später *IAW*) wenigstens die Kommunikation in seiner Verbandzeitschrift *Jus Suffragium* aufrechtzuerhalten. Immerhin unternahm eine Minderheit konsequenter Pazifistinnen aus dem Kreis der Stimmrechtlerinnen, initiiert von der Holländerin Aletta Jacobs unter Mitwirkung von Anita Augspurg sowie der amerikanischen Sozialreformerin *Jane Addams* (1860–1935), die im Januar 1915 in den USA die erste *Women's Peace Party* gegründet hatte, das Wagnis, mitten im Krieg zu einer Weltfrauenkonferenz neutraler und Krieg führender Staaten nach Den Haag einzuladen. 1200 Delegierte aus zwölf Ländern waren vertreten, dazu viele Grußadressen und Sympathiekundgebungen von Intellektuellen und Prominenz aus aller Welt. Aber es gab auch deutliche Absagen, z. B. vom französischen Nationalen Frauenrat. Zweierlei war an diesem Friedenskongress bemerkenswert: Die Veranstalterinnen hatten erreicht, dass die dort verabschiedeten Beschlüsse und Kampagnen für internationale Vereinbarungen zur Beendigung des Krieges mit der Forderung nach politischer Gleichberechtigung der Frauen verknüpft wurden. Dahinter stand die feste Überzeugung, dass die gleichberechtigte Teilhabe von Frauen in den Parlamenten und Regierungen zukünftig Kriege verhindern könne – also ein Rekurs auf eine Geschlechterdifferenz, die Gleichberechtigung voraussetzt. Ungewöhnlich war darüber hinaus der praktische Versuch, durch die Entsendung einer Frauendelegation («envoyées») die europäischen Regierungen sowie die amerikanische Regierung persönlich von der Notwendigkeit der Beendigung des Krieges zu überzeugen. Im Dokumentationsband der *Internationalen Frauenliga für Frieden und Freiheit (IFFF)*, die sich 1919 auf der Basis des Haager Kongresses als dritte internationale Frauenorganisation konstituierte, ist zu lesen, dass die Beschlüsse der Frauen die Grundlage für das 14-Punkte-Programm des amerikanischen Präsidenten Wilson und damit auch für den Friedensschluss im Versailler Vertrag bildeten. Von der *BDF*-Führung wurden die 43 deutschen Delegierten, die unter schwierigsten Bedingungen angereist waren, als «Vaterlandsverräterinnen» denunziert (IFFF 1920).

Noch einmal, kurz vor dem Ende des Krieges im Dezember 1917, gelang es den Stimmrechtsvereinen aller Richtungen, eine gemeinsame «Erklärung zur Wahlrechtsfrage» an den Deutschen Reichstag und alle Länderparlamente zu schicken, unterschrieben von Marie Juchacz für die Sozialdemokratinnen, von Marie Stritt und von Minna Cauer. Noch im Mai 1918 lehnte das preußische Abgeordnetenhaus mit großer Mehrheit das gleiche Wahlrecht aller Bürger, auch der Frauen, ab. Erst nach der militärischen Niederlage im Krieg, der Novemberrevolution und der Abdankung des Kaisers wurde das Frauenwahlrecht am 12. November 1918 mit einem Aufruf des *Rates der Volksbeauftragten* in Deutschland eingeführt. Es ist viel darüber debattiert worden, wem die Frauen nun die Anerkennung als gleichberechtigte Staatsbürgerinnen verdankten, den unermüdlichen Forderungen und Kämpfen der Frauenbewegung, ihrem Kriegseinsatz an nationaler Front oder «dem Eingeständnis des Zusammenbruchs männlicher Politik» (Stöcker, *Die Frau im Staat* 1919, Nr. 1, 6). Wahrscheinlich kam alles zusammen, doch wie viel damit gewonnen war, sollte erst der Fortgang der Geschichte zeigen.

4. Zwischen und nach den Weltkriegen 1919 bis 1949

Die Einführung des Frauenwahlrechts im November 1918 war ein Meilenstein in der Geschichte der deutschen Frauenbewegung. Zum ersten Mal wurden den deutschen Frauen gleiche Staatsbürgerrechte zugestanden, zum ersten Mal wurde in Deutschland eine parlamentarische Demokratie eingeführt mit einer Verfassung, die mit einem Katalog von Grundrechten und Grundpflichten, Gewaltenteilung und – durch die Möglichkeit des Volksbegehrens oder Volksentscheids – mit weit reichender Souveränität des Volkes eine späte Erfüllung der Träume der 1848er Revolution versprach. Doch eine Verfassung und ein gleiches Wahlrecht sind erst die Form – sie durch gemeinsames politisches Handeln auszufüllen, war das Problem auch der Frauen. Schon nach 1908, als den Frauen und Frauenvereinen mit der Aufhebung der Vereinsgesetze endlich gestattet wurde, sich politisch, also auch parteipolitisch zu betätigen, waren die Differenzen deutlich zu Tage getreten, wurde fraglich, wie unabhängig oder überparteilich die Organisationen der Frauenbewegung agieren könnten. Für die Sozialdemokratinnen war die Zuordnung zur *SPD* bzw. später auch zur *USPD* unstrittig, obwohl die Einbindung in die Parteistrukturen die proletarische Frauenbewegung autonome Spielräume kostete. Die gemäßigten Bürgerlichen, Helene Lange oder Gertrud Bäumer sowie eine Reihe von Vorstandsfrauen des *BDF*, wurden Mitglieder im Block liberaler Parteien, ab 1918 der *Deutschen Demokratischen Partei,* auch wenn sie bereits 1910 bei der Gründung der linksliberalen *Fortschrittlichen Volkspartei* enttäuscht hatten feststellen müssen, dass «keine der Parteien die Ideale der Frauenbewegung... darstellte..., keine einzige bereit war, mit der Interessenvertretung der Frau wirklich Ernst zu machen» (Zahn-Harnack 1928, 308). Erst recht politisch heimatlos aber waren von Anbeginn die auf die Verbindung von Friedens-, Sexual- und Geschlechterpolitik ausgerichteten Radikalen, die nur auf der internationalen Bühne Verbündete fanden, etwa in der 1919 begründeten *Internationalen Frauenliga für Frieden und Freiheit (IFFF)*.

Welche politischen Umstände, sozialen Konflikte und Krisen im Einzelnen dazu geführt haben, dass diese erste deutsche Republik bereits 1933 in der nationalsozialistischen Diktatur endete, ist vielfältig untersucht und beschrieben worden: Als größte Belastung galt der Versailler Friedensvertrag, dessen Bedingungen, die Anerkennung der deutschen Kriegsschuld verbunden mit hohen Reparationszahlungen, Gebietsabtretungen und der Besetzung des Rheinlandes, von der Mehrheit der Bevölkerung, auch von den Frauen, als ‹Diktat› und Demütigung erlebt wurden. Selbst die Pazifistinnen, die sich 1919 in Genf versammelten, um ihrer 1915 in Den Haag begonnenen «Völker versöhnenden Frauenarbeit» als *Internationale Liga für Frieden und Freiheit* eine neue organisatorische Form zu geben, sprachen «ihr tiefes Bedauern darüber aus, dass die in Versailles vorgeschlagenen Friedensbedingungen so schwer die Grundsätze vergewaltigen, durch welche allein ein gerechter und dauernder Friede gesichert werden kann». Sie warnten hellsichtig davor, «für ganz Europa Feindseligkeit und Missstimmung zu schaffen, die nur zu weiteren Kriegen führen können» (*Die Frauenbewegung* 1919, 75 f.).

Wahlen und Wahlergebnisse

Sofort nachdem der Wahltermin für die Nationalversammlung am 19. Januar 1919 bekannt gegeben worden war, wurde von allen Seiten, auch von den Parteien, die kurz vorher noch das Frauenstimmrecht abgelehnt hatten, eifrig um die Frauenstimmen geworben. Der *BDF*, der sich satzungsgemäß auf strenge Neutralität festgelegt hatte, begann eine lebhafte Agitation und Schulung der Frauen als Staatsbürgerinnen und forderte die deutschen Frauen jeder Partei und Weltanschauung auf, «ihre nationale Zusammengehörigkeit zum Ausdruck zu bringen und die allen gemeinsame Idee von der Kulturaufgabe der Frau zu verwirklichen». Frauen aller Richtungen, auch die Sozialdemokratinnen sowie die *Vaterländischen Frauenvereine*, schlossen sich zu Wahlausschüssen zusammen, die vor Ort Vortragsreihen und Versammlungen organisierten sowie Werbebroschüren, Flugblätter und Plakate verteilten. Zur Mobilisierung wurden «10 Gebote zum Frauenwahlrecht» verabschiedet, die alle an die große Verantwortung der Frauen und ihre gewissenhaft zu erfüllende Pflicht als Bürgerinnen appellierten. Der Gedanke einer Frauenpartei wurde verworfen: «Die Frauen dürfen sich jetzt nicht auf eine Insel zurückziehen, wo sie über dem Kampf stehen und überparteiliche Werte pflegen – nein, sie müssen sich hineinstürzen in die Wogen des Kampfes, der nicht ausbleiben wird, wo um ... Herrschaft und Freiheit gerungen wird» (Zahn-Harnack 1928, 316).

Die außerordentlich hohe Wahlbeteiligung der Frauen war ein Beleg für den Erfolg dieser Kampagnen. Sie betrug fast 90 Prozent und lag insbesondere in den jüngeren Altersstufen über denen der Männer. Auch der Anteil weiblicher Abgeordneter in der Nationalversammlung war mit 41 von 423 bzw. 9,6 Prozent größer als in allen nachfolgenden Wahlen zum Weimarer Reichstag und wurde erst in den Wahlen zum westdeutschen Bundestag 1983 wieder erreicht. Von den 41 weiblichen Abgeordneten gehörten mehr als die Hälfte (22) zur *SPD*, drei waren Mitglieder der *USPD*, jeweils sechs gehörten zur liberal-bürgerlichen *DDP* (darunter die Führungsriege des *BDF*, Gertrud Bäumer, Marie-Elisabeth Lüders und Marie Baum) und sechs zum katholischen *Zentrum* (darunter Hedwig Dransfeld, die Vorsitzende des *Katholischen Frauenbundes*, sowie Helene Weber, die später eine der vier «Mütter des Grundgesetzes» war). Die übrigen Frauen verteilten sich auf die von Gustav Stresemann gegründete *Deutsche Volkspartei (DVP)* und die *Deutsch-Nationale Volkspartei (DNVP)*, eine Folgeorganisation der konservativen Vorkriegsparteien (Bremme 1956, 124).

Es gehört zu den Widersprüchen dieses Stücks Frauengeschichte, dass auch in der Folge gerade die Frauen, die vorher das allgemeine Stimmrecht abgelehnt hatten, unter den ersten Parlamentarierinnen waren, z. B. die erste Vorsitzende des *Deutsch-*

Evangelischen Frauenbundes Paula Müller-Otfried (1865–1946), die mit ihrem Verband noch 1918 wegen der «Erklärung zur Wahlrechtsfrage» aus dem *BDF* ausgetreten war. Sie kandidierte nun zunächst erfolglos für die Nationalversammlung, war jedoch ab 1920 für die *DNVP* im Reichstag. Hingegen hat es keine der radikalen Feministinnen geschafft, über ein von Männern dominiertes, listengebundenes Verhältniswahlrecht in den Reichstag zu kommen. Auch der überstürzte Versuch Anita Augspurgs, in einer Koalition von Feministinnen und Sozialisten als Parteilose auf der Liste der *USPD* für die ersten Landtagswahlen in der bayerischen Räterepublik zu kandidieren, schlug fehl, ebenso Lida Gustava Heymanns Kandidatur für die Nationalversammlung. Der wiederholte Versuch, Frauenlisten durchzusetzen, fand keine Mehrheit, auch nicht unter den Frauen, ebenso wenig der immer wieder diskutierte Vorschlag, eine Frauenpartei zu gründen. Entsprechend bitter war der Kommentar Heymanns in der von ihr und Augspurg seit 1919 herausgegebenen Zeitschrift *Die Frau im Staat*: «Der alte Reichstag und die neue Nationalversammlung haben ein verflucht ähnliches Aussehen ... Hätte die gesamte Frauenbewegung sich entschlossen, gemeinsame Frauenlisten herauszugeben, so wären zweifelsohne 80–100 weibliche Abgeordnete in die Nationalversammlung eingezogen. Die Frauen bildeten ja bei der Wahl die Majorität.» (1919, Nr. 2, 4)

Danach aber zogen sich Augspurg und Heymann wie viele ihrer radikalen Mitstreiterinnen aus der alltäglichen Vereinsarbeit in der Frauenbewegung zurück. Sie verlegten die Schwerpunkte ihrer Arbeit auf die internationale Friedensarbeit, eröffneten mit ihrer Zeitschrift «von Frauen für Frauen» ein Forum für radikal-feministische, internationale und kapitalismuskritische Beiträge, um sich damit deutlich von der Frauenpolitik und Frauenbewegung in der Weimarer Republik zu distanzieren. Die Radikalen waren also nicht mehr dabei, damit fehlte ein wichtiges Korrektiv.

«Wohlfahrtsfeminismus»

«Wir werden es nicht mehr nötig haben, mit Versammlungen, mit Resolutionen, mit Eingaben um unser Recht zu kämpfen», betonte die Sozialdemokratin *Marie Juchacz* (1879–1956) in der ersten Rede einer Parlamentarierin in der Weimarer Nationalversammlung. «Wir Frauen (haben) nunmehr Gelegenheit, unsere Kräfte auswirken zu lassen. Aber damit begeben wir uns keineswegs des Rechts, anders geartete Menschen, weibliche Menschen zu sein. Es wird uns nicht einfallen unser Frauentum zu verleugnen, weil wir in die politische Arena getreten sind und für die Rechte des Volkes mitkämpfen» (sten. Berichte von 1919/20). Dieses Bekenntnis zum Frausein kennzeichnete das neue Selbstbewusstsein der Frauen, die nun in der Politik der Weimarer Republik mitmischten, von links bis rechts. Es entsprach nicht nur den Vorstellungen der Mehrheit im *Bund Deutscher Frauenvereine (BDF)*, deren Konzept von «organisierter Mütterlichkeit» als Beruf und der besonderen politischen Mission der Frauen; auch die Radikalen waren überzeugt gewesen, dass Frauen andere Visionen und Erfahrungen in die Politik einbringen, um der Männer- und Machtpolitik entgegenzutreten. Ebenso fühlte sich Marie Juchacz, die Clara Zetkin in der Führung der sozialdemokratischen Frauen abgelöst hatte, in der ersten deutschen, demokratisch gewählten Volksvertretung zu dieser Klarstellung veranlasst und verwies auf die vielfältigen Tätigkeitsfelder in der Fürsorge, im Schulwesen, in der Wohnungsfrage und im Bereich der Volksgesundheit, in denen die Frauen vor dem und besonders im Krieg ihre besondere Eignung und bewährte Professionalität unter Beweis gestellt hatten. Der Hinweis diente nicht nur der Rechtfertigung, sondern war ein Grundmotiv für die Beteiligung von Frauen vorwiegend in der Sozialpolitik, das die neuen Staatsbürgerinnen ebenso erfolgreich wie sich selbst beschränkend in der Zwischenkriegszeit leitete. Übrigens nicht nur in Deutschland, weshalb die politische Ausrichtung der Frauenbewegungen dieser Epoche in der Literatur als «Wohlfahrtsfeminismus» oder auch «maternalistischer Feminismus» charakterisiert wird (vgl. Banks 1986).

Auf dem Feld der Sozialpolitik hatte der Erste Weltkrieg in vielfacher Hinsicht als Katalysator gewirkt, insbesondere auf dem Gebiet der Frauenerwerbstätigkeit, weil Frauen in der Kriegswirtschaft notgedrungen in großer Zahl die Arbeitsplätze in bisher typischen Männerindustrien übernahmen. Auch anderen Forderungen und Projekten der Frauenbewegung hat der Krieg zum Durchbruch verholfen, um deren Anerkennung vorher vergeblich petitioniert und gerungen wurde. Dazu gehörten Sozialleistungen wie die Wöchnerinnenhilfe und die Kriegsunterstützung für die Angehörigen der Soldaten, die sogar auch an nicht eheliche Kinder und unverheiratete Mütter gezahlt wurden, sowie die Einstellung einer großen Zahl von Fabrikpflegerinnen – eine langjährige Forderung zur Gewährleistung des Mutterschutzes. Wegweisend für die staatliche Arbeitsmarktpolitik war z. B. die Einrichtung von Arbeitsnachweisen durch die Frauenberufsvereine, die von Anbeginn Arbeitsvermittlung und Berufsberatung verknüpften. Das 1911 auf Reichsebene gegründete «Frauenberufsamt» mit zahlreichen örtlichen Auskunftstellen wurde das Vorbild für die ersten gemeindlichen Berufsämter und für die in der Weimarer Republik staatlich organisierte Arbeitsmarktverwaltung, die 1927 gesetzlich die Arbeitsvermittlung und Arbeitslosenunterstützung miteinander verband. Schließlich hatte der von den Vertreterinnen der Frauenbewegung – u. a. von *Marie Elisabeth Lüders* (1878–1966) als Leiterin des Frauenreferats im Kriegsamt – generalstabsmäßig organisierte Einsatz der Frauen im *Nationalen Frauendienst* unter Beweis gestellt, wie qualifiziert und unentbehrlich die «soziale Hilfstätigkeit» der in der Frauenbewegung geschulten Frauen war. Die Wegbereiterin der sozialen Frauenberufe in Deutschland, *Alice Salomon* (1872–1948), deren Lehrprogramme und soziale Frauenschulen weltweit Anerkennung und Nachahmung fanden, begründete Sozialarbeit als Beruf mit dem Konzept geistiger Mütterlichkeit und gab damit entscheidende Anstöße für die Entwicklung einer modernen Wohlfahrtspflege.

Jedoch wurde der Modernisierungsschub, der das Eindringen der Frauen auf den Arbeitsmarkt erzwungen und bisherige Rollenklischees außer Kraft gesetzt hatte, mit dem sog. *Zentralar-*

beitsabkommen wieder rückgängig gemacht, das in der Weimarer Republik die Grundlagen für eine staatlich verfasste Sozialpolitik schuf. An diesem Abkommen zwischen Arbeitgebern und Gewerkschaften vom 15. November 1918 waren die Frauenverbände trotz ihrer unentbehrlichen Rolle im Krieg nicht beteiligt worden. Die Vereinbarung, die in der Geschichte der deutschen Sozialpolitik als «Triumph der Demokratie» und «Sieg des Paritätsgedankens» (Franz Neumann) gefeiert wurde, beinhaltete neben der Anerkennung der Gewerkschaften als Tarif- und Sozialpartner, neben der Einführung des Achtstundentages und der paritätischen Mitbestimmung auch die Verständigung über die Demobilmachung, die die Rückführung der heimkehrenden Männer auf ihre angestammten Arbeitsplätze organisieren sollte – ein sozialer Kompromiss, der nicht nur ohne, sondern auf Kosten von Frauen getroffen und durchgesetzt wurde. Damit aber war auch für spätere Krisen des Sozialstaates der Mechanismus erfunden, mit dem unter dem Vorwand «sozialer» Gesichtspunkte Frauen als Personen, «die nicht auf Erwerb angewiesen» bzw. wegen ihrer Familienpflichten nicht «verfügbar» sind, jederzeit wieder vom Arbeitsmarkt verdrängt werden konnten. Obwohl die vorrangigen Familienpflichten auch das Selbstverständnis der im *BDF* organisierten Frauen bestimmten, kam es doch zu vielen Protesten, ja zu einer gemeinsamen Interpellation der Frauen aller Fraktionen in der Nationalversammlung. Die Abgeordnete Dr. Marie Baum von der *DDP* stellte dabei besorgt die Frage, ob nun «auf dem Markt der Arbeit anstelle des Klassenkampfes ein Kampf der Geschlechter um die Arbeitsplätze» getreten sei (Prot. 84. Sitzung).

Die Arbeit der ersten Parlamentarierinnen litt nicht nur unter ihrem Ausnahmestatus und der zu geringen Repräsentanz, entscheidend war, dass sie auf politisch-parlamentarische Ordnungen stießen, deren organisatorische Form und Strukturen sich entwickelt und verfestigt hatten, noch ehe Frauen in das politische Leben getreten waren. Der Vorrang von Parteiinteressen vor Fraueninteressen war eine unverrückbare Tatsache in allen Parteien. Immerhin gelang es durch interfraktionelle Frauenbündnisse jenseits der Parteidisziplin, auf dem Gebiet der Sozialpolitik eine Reihe von Gesetzen auf den Weg zu bringen, die wie im Nachklang auf alte Forderungen der Vorkriegsfrauenbewegung auch «Frauengesetze» genannt wurden. Dazu gehörten u. a. das Jugendwohlfahrtsgesetz (1922), das Jugendgerichtsgesetz (1923), das Gesetz über die Zulassung von Frauen zu Ämtern der Rechtspflege (1922) u. a., auch das Reichsgesetz zur Bekämpfung der Geschlechtskrankheiten von 1927, das ein langes Kapitel der Frauenbewegungsgeschichte im Kampf gegen die staatlich reglementierte Prostitution abschloss. Diese Schwerpunktsetzung der «Frauenpolitik» im Bereich der Wohlfahrtspflege war gleichwohl zweischneidig, weil sie gleichzeitig zur Ausgrenzung aus der «großen Politik» führte. So mussten die beteiligten Frauen am Ende der 1920er Jahre feststellen, dass sie in den großen politischen und wirtschaftlichen Fragen nach wie vor Randfiguren geblieben waren.

Für die Beurteilung des Handlungsspielraums von Frauen in Politik und Wirtschaft in dieser Zeit ist allerdings zu berücksichtigen, dass trotz der verfassungsrechtlichen Garantie staatsbürgerlicher Gleichberechtigung gemäß Art. 109 der Weimarer Verfassung, die auch noch durch ein «grundsätzlich» eingeschränkt wurde, die Ungleichheit im Privatrecht, insbesondere im Familienrecht nach dem *BGB* von 1900 erhalten blieb. Danach war eine Ehefrau vor allem anderen zur Familien- und Hausarbeit verpflichtet, war der Ehemann immer noch berechtigt, die Arbeitsverträge der Ehefrau zu kündigen, hatte er immer noch das Entscheidungsrecht in allen ehelichen Angelegenheiten. Zusammen mit der Rechtskommission des *BDF* hatte *Marie Munk* (1885–1978), die erste Richterin Deutschlands und später, nach ihrer Emigration, Professorin an der Harvard-Universität, Vorschläge zur Reform des Familienrechts ausgearbeitet und mit Erfolg auf dem Deutschen Juristentag 1924 vertreten. Doch sie wurden erst mehr als 30 Jahre später im Gleichberechtigungsgesetz von 1957 berücksichtigt. Gegen die Bestimmung des Art. 128 der Weimarer Verfassung wurde zudem das sog. Beamtinnenzölibat, aufgrund dessen Beamtinnen bei ihrer Verheiratung aus dem Staatsdienst entlassen wurden, mit Billigung aller Fraktionen des Reichstages immer wieder erneuert.

Im internationalen Vergleich lagen die deutschen Frauen bei der Erlangung des Stimmrechts durchaus im Mittelfeld. Sie erhielten es sogar früher als die Siegermächte: die USA 1920, England 1928 (1918 nur für Frauen von über 30 Jahren) und Frankreich erst 1944. Vorläufer in Europa waren Finnland 1906, Norwegen 1913 und Dänemark 1915 sowie Russland 1917. Schweden, das 1919 das Frauenwahlrecht gewährte, aber bereits 1920 die Gleichberechtigung auch im Familienrecht einführte, und die übrigen skandinavischen Staaten sind Beispiele dafür, dass volle Staatsbürgerschaft den Genuss sowohl von politischen *und* zivilen als auch sozialen Bürgerrechten voraussetzt. Ein traditioneller Familienpatriarchalismus und die strukturellen Benachteiligungen auf dem Arbeitsmarkt unterliefen somit in (West-) Deutschland, das erst 1977 formal die Gleichberechtigung in der Ehe durchsetzte, von vornherein die Möglichkeit, als gleichberechtigte Bürgerin Politik zu machen. In Ostdeutschland, das seit 1945 auch eine eigene Frauengeschichte hat, konnten jedoch auch die zivilrechtliche Gleichstellung in der Ehe sowie weitgehende soziale Berechtigungen die Beschneidung grundlegender politischer Freiheitsrechte nicht wettmachen.

Internationale Beziehungen und nationale Entwicklung im *BDF*

Auch im Hinblick auf die internationalen Beziehungen der Feministinnen und ihrer Organisationen fand am Beginn der 1920er Jahre ein Rollen- und Politikwechsel statt. Die Stimmrechtlerinnen, Sexualreformerinnen und Pazifistinnen hatten sich, wie oben angedeutet, für andere Formen politischer Einmischung entschieden. Da sie den Kampf ums Stimmrecht für erledigt hielten, engagierten sich die meisten auf internationaler Bühne im Rahmen der *Internationalen Frauenliga für Frieden und Freiheit (IFFF/Women's International League for Peace and Freedom = WILPF)* – eine der wenigen Nichtregierungsorganisationen der «alten» Frauenbewegung, die bis heute aktiv ist. Mit der Einrichtung ihrer Zentrale in Genf, am Sitz des Völkerbundes, bearbeiteten die Pazifistinnen in lokalen und nationalen

Sektionen gewichtige Themen wie internationale Schiedsgerichtsbarkeit, Abrüstung, moderne Kriegsmethoden und die enge internationale Verflechtung von Wirtschaft und Waffenhandel. Die deutsche Sektion, angeführt von Augspurg und Heymann und der jüngeren Mitstreiterin *Gertrud Baer* (1890–1981), veranstaltete internationale Konferenzen, z. B. gegen den Gaskrieg 1929 in Berlin, und richtete schon 1924 eine «Kommission zur Bekämpfung des Antisemitismus» ein, die von der Bremerin *Auguste Kirchhoff* (1867–1940) initiiert wurde. Auch *Helene Stöcker*, Mitbegründerin des *Bundes für Mutterschutz* und seit der Jahrhundertwende Mitglied in der von Bertha von Suttner gegründeten *Deutschen Friedensgesellschaft*, hatte die von ihr bis 1932 herausgegebene Zeitschrift *Die neue Generation* seit dem Weltkrieg für den Kampf gegen Krieg, Militarismus und Gewalt geöffnet. Sie verband ihre Pionierrolle in der Sexualreformbewegung, die in den 1920er Jahren zahlreiche Sexualberatungsstellen einrichtete, sich für die Straflosigkeit der Abtreibung und der Homosexualität einsetzte, mit ihrem Engagement in zahlreichen internationalen pazifistischen Organisationen wie der *Internationale für Kriegsdienstgegner* oder der *Liga für Menschenrechte*.

Der *BDF* tat sich hingegen schwer mit der Wiederaufnahme der internationalen Beziehungen nach dem Ersten Weltkrieg, doch er war die Frauenorganisation, die Deutschland in den internationalen Gremien vertreten sollte. So hatte es die *BDF*-Führung Alice Salomon – Schriftführerin des *International Council of Women (ICW)* seit 1909 und auf diese Weise mit dem internationalen Frauennetzwerk und seiner langjährigen Präsidentin, der Lady Aberdeen, eng verbunden – 1920 untersagt, an der ersten Generalversammlung des *ICW* nach dem Krieg in Kristiania (heute Oslo) teilzunehmen. Offiziell lautete die Begründung, dass auf der Unrechtsbasis des *Versailler Vertrages* und des Ausschlusses Deutschlands aus dem *Völkerbund* «eine freie und unbefangene Zusammenarbeit der Frauen verschiedener Länder» noch nicht möglich sei. Die Ausschaltung der Person Salomons durch den *BDF* aber hatte bereits eine Vorgeschichte. Denn ursprünglich war vorgesehen, dass Alice Salomon als «prominente

Funktionsträgerin» des *BDF* 1919 die Nachfolgerin von Gertrud Bäumer im Vorsitz des *BDF* werden sollte. Doch nun hielt es der Vorstand, insbesondere Bäumer, für unklug – mit dem Hinweis auf die antisemitische Grundstimmung in der Öffentlichkeit –, «jemanden mit jüdischem Namen und jüdischen Vorfahren» zur Vorsitzenden der Dachorganisation deutscher Frauenvereine zu machen (Salomon 1983, 186). Als nun auch noch das Verbot zur Teilnahme an der *ICW*-Konferenz in Norwegen hinzukam, erklärte Alice Salomon ihren Rücktritt vom Vorstand des *BDF*, dem sie 20 Jahre angehört hatte. Sie wurde trotzdem auch in Abwesenheit zur Vizepräsidentin des *ICW* gewählt. Nun war der *BDF* in der Klemme, gab schließlich seine Zustimmung zur Wahl, um sich international nicht zu isolieren, nachdem der *ICW* in einem Beschluss für eine gleichberechtigte Teilnahme Deutschlands im *Völkerbund* eingetreten war.

Ähnlich umständlich gestaltete sich die Mitwirkung in der internationalen Stimmrechtsbewegung. Nach der Einführung des Frauenwahlrechts in vielen Ländern stellte sich die Frage der Weiterexistenz des Stimmrechtsbundes. Auf dem 1920 in Genf erstmals nach dem Krieg veranstalteten Kongress aber kamen die Delegierten überein, dass es noch genug zu tun gab, um das Stimmrecht der Frauen *aller* Nationen zu sichern und um die Gleichstellung der Frauen in allen Rechtsbereichen durchzusetzen. Da sich die deutschen Stimmrechtsvereine 1918 aufgelöst hatten, übernahm schließlich 1923 der *Allgemeine Deutsche Frauenverein (ADF)* die Ämter und Vertretung der Deutschen im *IAW*. So kam es, dass Gertrud Bäumer als Vorsitzende des *ADF* (seit 1923 im Untertitel *Deutscher Staatsbürgerinnenverband*) bei der internationalen Vertretung der Stimmrechtlerinnen in die Fußstapfen von Anita Augspurg trat. Mit der Umbenennung der *International Women Suffrage Alliance* in *International Alliance of Women for Suffrage and Equal Citizenship (IAW)* im Jahr 1926 wurden die umfassenderen Ziele gleicher Bürgerrechte auch im privaten und sozialen Bereich ausdrücklich benannt. Zugleich fand eine Annäherung der beiden internationalen Frauenbünde *ICW* und *IAW* statt. Deshalb wurde zur besseren

Vertretung im *Völkerbund* ein gemeinsamer Ausschuss der internationalen Frauenorganisationen gegründet (vgl. Rupp 1998).

Auf der internationalen Bühne waren die deutschen Frauenorganisationen seit 1922 also wieder vertreten mit *Gertrud Bäumer* (1873–1954) in der Hauptrolle. Und sie spielte sie gekonnt. In ihrem Bemühen, Deutschland wieder zu Glanz und Größe zu verhelfen, zeichnete sie verantwortlich für die nationale Orientierung des *BDF* und verstand es, «nationale Politik durch internationale Arbeit zu betreiben» (Schaser 2000, 95). Zwar hatte Bäumer 1919 den Vorsitz im *BDF Marianne Weber* (1870–1954) überlassen, die ihn jedoch nach dem Tode ihres Mannes Max Weber an Emma Ender weitergab. Trotzdem behielt Bäumer auch als zweite Vorsitzende alle Fäden in der Hand. Sie und ihre Lebensgefährtin Helene Lange, von der sie in die Frauenbewegung eingeführt worden war und mit der sie seit dem Ende des 19. Jahrhunderts in vielfältigen Funktionen zusammen arbeitete und wirkte, verkörperten beide Macht und Autorität sowie jene Kultur der «Weiblichkeit», die in der Öffentlichkeit der Frauenbewegung ihre Verehrung als «Führerinnen» begründete (vgl. Margit Göttert 2000). Die wesentlich jüngere Gertrud Bäumer machte in der Weimarer Zeit eine für Frauen bis dahin beispiellose Karriere: Als Mitbegründerin der *DDP* an der Seite von Friedrich Naumann und Theodor Heuss war sie bis 1932 Abgeordnete im Reichstag. 1920 wurde sie zur Ministerialrätin ins Ministerium des Inneren berufen und in dieser Eigenschaft in zahlreiche Ämter und Gremien delegiert. Gleichzeitig veröffentlichte sie Bücher und Essays und gab die Zeitschrift *Die Frau* und zusammen mit Theodor Heuss die liberale Zeitschrift *Die Hilfe* heraus.

Krise und Auflösung des *BDF*

Zum Ende der 1920er Jahre zählte der *BDF* etwa 1 Million Mitglieder – Doppelzählungen waren bei der komplizierten Organisationsstruktur nicht auszuschließen. Dieser Zuwachs verdankte sich verschiedenen Berufsverbänden, vorrangig aber dem zunehmenden Einfluss der mitgliederstarken und konservativen Hausfrauen- und Landfrauenverbände (*RDH* und *RLDH*), die mit dem Ziel, den Platz der Frau in Haus und Hof als Beruf zu verteidigen, den politischen und emanzipatorischen Zielen der Frauenbewegung im Grunde entgegenarbeiteten. Zusammen mit der *Vereinigung evangelischer Frauenverbände*, der Nachfolgeorganisation des von Paula Müller-Otfried gegründeten *DEF*, der schon 1918 aus Protest gegen die Stimmrechtsforderungen ausgetreten war, sowie anderen völkisch-konservativen Gruppierungen wie dem *Königin-Luise-Bund* bildeten sie eine «nationale Opposition» innerhalb und außerhalb des *BDF*. Die Stellungnahme und Beteiligung des *BDF* an einer Unterschriftensammlung zur Abrüstungskonferenz des Völkerbundes 1932 in Genf, zu der weltweit der *ICW* sowie die *IFFF* aufgerufen hatten, waren nur noch der vorgeschobene Anlass für die Hausfrauenverbände, den Bruch mit dem *BDF* auch formal zu vollziehen.

Auf der anderen Seite fehlte der alt gewordenen Organisation der Frauenbewegung auch der Nachwuchs, es stellte sich das Generationenproblem aller sozialen Bewegungen (vgl. Karl Mannheim 1928). Seit Mitte der 1920er Jahre wurde das Nachwuchsproblem auf Tagungen und in den Zeitschriften der Bewegung wiederholt kontrovers diskutiert. Die Generation der ‹neuen Frau›, der sich nicht nur die Universitäten, sondern in großer Zahl auch die Büros und sozialen Berufe geöffnet hatten und deren Lebensentwürfe die Errungenschaften der Alten ganz selbstverständlich voraussetzten, hielt die Frauenbewegung für überaltert und überflüssig. In der Zeitschrift *Die Studentin* (1929, Nr. 5/6, 41) und in *Die Frau* (1930/31, Nr. 9, 532) kritisierten sie den Führungsstil, den «Ton der Rechtelei» und die Männerfeindlichkeit sowie den Apparat der Frauenverbände, der in seiner Organisationsweise erstarrt sei. Andere, wie die 1931 zur neuen Vorsitzenden des *BDF* gewählte *Agnes von Zahn-Harnack* (1884–1950), sprachen zur gleichen Zeit auf der Leipziger Bundestagung offen von «Stillstand, wenn nicht Rückschritt».

Mit der Verschärfung der wirtschaftlichen und politischen Krise und dem Zulauf zur nationalsozialistischen Bewegung seit den Reichstagswahlen 1930 geriet die Frauenbewegung zunehmend von allen Seiten in die Defensive. Auch von den demokratischen Parteien kam keine Schützenhilfe. Es bestand in Wirklichkeit kein Interesse an der Frauenbewegung als demokratischem Potenzial, allenfalls an den Frauen als Wählerinnen. Dabei ist der nachträglichen Legende, Frauen hätten mit ihrer Wahlentscheidung Hitler an die Macht gebracht, deutlich zu widersprechen. Richtig ist, dass im «Weimarer Muster» der Anteil der Frauenstimmen bei den christlichen und konservativen Parteien immer um einige Prozentpunkte größer war als bei den Männern, jedoch hatte sich bei der *SPD* der geschlechtsspezifische Unterschied zum Ende der 1920er Jahre abgeschliffen. Bei den radikalen Parteien auf beiden Seiten, den Nationalsozialisten und den Kommunisten, aber fielen die Frauen bei allen Wahlgängen zwischen 1919 und 1930 deutlich hinter die Männer zurück. Diese Parteien werden daher auch in der Literatur als «Männerparteien» bezeichnet. «Auf alle Fälle geht aus dem verfügbaren statistischen Material hervor, dass die Frauen in ihrem Votum für die *NSDAP* den männlichen Wählern nicht vorangingen, sondern nur langsam folgten, um zu dem Wahlsieg 1932–33 allerdings entscheidend mit beizutragen» (Bremme 1956, S. 73–75). Das bedeutet, Frauen haben Hitler nicht unbedingt an die Macht gebracht, aber sie haben ihn auch nicht entschieden genug verhindert.

Spät, zu spät versuchte die liberale Mitte im engeren Vorstand des *BDF*, der seit 1931 zur Hälfte mit Vertreterinnen der deutsch-nationalen Rechtsparteien besetzt war, Stellung zu beziehen zu den politischen Ereignissen, zur *NSDAP* und ihrer frauenfeindlichen Propaganda. Buchstäblich in letzter Minute wurden 1932 als *Nachrichtenblatt des BDF* sog. ‹Gelbe Blätter› herausgegeben, die «Material zum Kampf der Frauen um Arbeit und Beruf» zusammenstellten. Es wurden Presseauszüge abgedruckt mit Angriffen auf die Frauenbewegung und Appellen, die staatsbürgerlichen Rechte zu wahren. Die Vorsitzende Agnes von Zahn-Harnack hatte seit 1930 zusammen mit dem *Jüdischen Frauenbund (JFB)* Aufklärungskampagnen initiiert, um mit Führungen durch Synagogen, mit Vorträgen und Veranstaltungen dem wachsenden Antisemitismus entgegenzuwirken. Es waren hilflose Versuche und defensive, unsichere Antworten, nicht anders als die Reaktionen der unter sich uneinigen demokratischen Parteien. Mit Ausnahme der Sozialdemokraten stimmten ihre letzten Vertreter im Reichstag am 23. März 1933 dem Ermächtigungsgesetz zu.

Seit Oktober 1931, seit der Gründung der *NS-Frauenschaft*, waren die Nationalsozialistinnen zum offenen Angriff gegen die Frauenbewegung übergegangen. Sie diffamierten sie als liberalistisch, jüdisch, feministisch, internationalistisch und pazifistisch, kritisierten «den übersteigerten, ungeistig gewordenen Intellektualismus» der deutschen Frauenbewegung und warfen ihr vor, «an der großen Allgemeinheit ‹Frau› vorbeigegangen» zu sein (Siber von Groote 1933, 6). Auch in diesem Zusammenhang tauchte das Kennwort «feministisch» wieder nur denunziatorisch auf. Nach der Ermächtigung Hitlers wurde Lydia Gottschewski, seit 1932 Reichsführerin des *Bundes Deutscher Mädel (BDM)*, im Mai 1933 zur Führerin der *Deutschen Frauenfront* ernannt und forderte alle Frauenvereine und -verbände ultimativ auf, sich anzuschließen, weil sie andernfalls aufgelöst würden. Die deutsch-nationalen Organisationen wie die *Vaterländischen Frauenvereine* oder die *Haus- und Landwirtschaftlichen Frauenvereine* hatten sich sofort der *Deutschen Frauenfront* angeschlossen. Da sich der *BDF* den diktierten Bedingungen: Unterstellung unter den Führer der *NSDAP*, Anerkennung der Aufgaben, die der nationalsozialistische Staat den Frauen stellt, und insbesondere der Entfernung nicht arischer Mitglieder aus den Vorständen nicht unterwerfen wollte, verzeichnet das Protokoll der Gesamtvorstandssitzung vom 15. Mai: «Unter diesen Umständen beschlossen die Vertreterinnen der im Bund angeschlossenen Verbände, den *Bund Deutscher Frauenvereine* mit sofortiger Wirkung aufzulösen.» (Gerhard 1990a, 375 f., vgl. HLA, Abt. 1, 2–12)

Die Bedeutung dieser Selbstauflösung wurde dadurch unterstrichen, dass in allen Zeitungen mehr oder weniger ausführliche Mitteilung über die «Liquidation der Frauenbewegung» gemacht wurde. Im Zeitungsdienst der NS-*Frauenfront* hieß es: «Wie die nationale Revolution aufräumt mit den Trümmern des Liberalismus, so wird die *Deutsche Frauenfront* die alte Frauenbewegung liquidieren.» (HLA, Abt. 1, 2–13)

Der *Jüdische Frauenbund* war, um dem *BDF* keine Schwierigkeiten zu machen, schon vor der Auflösung des Bundes auf eignen Wunsch am 9. Mai 1933 aus dem *BDF* ausgetreten, «da eine weitere Zusammenarbeit ... für beide Teile hemmend wirken könnte». Doch wie wenig alle Beteiligten die unmittelbar drohende Gefahr für die Jüdinnen erkannten, zeigt sich in dem Antwortschreiben, das die Vorsitzende des *JFB* an Zahn-Harnack schickte: «Es bleibt uns Frauen, die wir so fest in der Frauenbewegung und allem, was damit verbunden ist, wurzeln, nur übrig, jeder an seiner Stelle unentwegt seine Pflicht zu tun ... und auf einen Wandel im Zeitgeschehen und in der Gesinnung zu hoffen, der unseren Idealen wieder günstiger ist.» (Maierhof 2002, 61)

Unterm Nationalsozialismus

Was war aus dem Versprechen geworden, die Frauenfrage durch den Nationalsozialismus zu lösen (so von Groote) oder aus der Frauenbewegung eine Volksbewegung zu machen? Zunächst ist festzuhalten: Schon nach sechs Monaten nationalsozialistischer Herrschaft waren etwa 100000 Menschen, Kommunisten, Sozialdemokraten, engagierte Demokraten, darunter viele Juden, aus politischen Gründen in «vorbeugender Schutzhaft», wie der juristische Terminus lautete, und wurden von dort in die neu errichteten Konzentrationslager deportiert. Nach Feststellung des Völkerbundes hatten bis 1935 mehr als 80000 Menschen Deutschland verlassen, weil sie wegen ihrer «Rasse», ihrer politischen Haltung oder ihrer Kunstauffassung verfolgt wurden. Speziell Frauen traf eine Reihe einschneidender Gesetze und Verordnungen, die sie gemäß nationalsozialistischer Weltanschauung wieder auf ihren Platz in Familie und Haus verweisen sollte. Dazu gehörten Ehestandsdarlehen, die «abgekindert» werden konnten, die Entlassung von Beamtinnen, Lohn- und Gehaltskürzungen von weiblichen Berufstätigen. 1933 wurde ein Numerus clausus von 10 Prozent für Studentinnen eingeführt, seit 1936 durften Juristinnen weder Richterin, Staatsanwältin oder Rechtsanwältin werden. Rassegesetze ermöglichten massenhafte

Sterilisationen und Abtreibungen aus eugenischen Gründen und verboten die Ehe mit Juden, Farbigen und Zigeunern. Trotz dieser existenziellen Beschränkungen und Diskriminierungen stieg die Erwerbsquote der Frauen, erst recht mit dem Beginn der Kriegsvorbereitungen, entgegen allen ideologischen Steuerungsversuchen; es gab die Pflichtjahrmädel und den Reichsarbeitsdienst, aber auch im Krieg keinen allgemeinen Arbeitszwang für «arische» Frauen (vgl. Frevert 1986, 209 f.). Gleichzeitig gehörten 1941 von den rund 30 Millionen Frauen über 18 Jahre in Deutschland ca. 6 Millionen Frauen, d.h. jede fünfte, der *NS-Frauenschaft* bzw. dem *Deutschen Frauenwerk*, dem Dachverband aller gleichgeschalteten Frauenverbände und -organisationen, an. 4,5 Millionen Mädchen zwischen zehn und 18 Jahren waren 1944 Mitglieder im *Bund Deutscher Mädel (BDM)*, weitere Zwangsmitgliedschaften bestanden für alle werktätigen Frauen in der *Deutschen Arbeitsfront* (Benz 1993). «Alle deutschen Frauen unter einer Führung ..., eine Organisationsform, die sich dem Wesen der Frau anpasst, in der sich das kleine Ich dem großen Du – dem Volk – unterordnen muss», verkündete die Reichsfrauenführerin *Gertrud Scholtz-Klink* (1902–1999), die 1934 Gottschewski abgelöst hatte und bis 1945 sowohl die *NS-Frauenschaft* als auch das *Deutsche Frauenwerk* leitete. War die so errungene und erzwungene Massenloyalität eine soziale oder politische Bewegung, wie die *NSDAP* als Partei *und* Bewegung von sich behauptete?

Die sozialwissenschaftliche Forschung hat sich darauf verständigt, dass der Bewegungsbegriff auch auf konservative, restaurative oder rechtsextreme und rechtspopulistische Gruppierungen anwendbar ist, obgleich Bewegung per definitionem auf Veränderung und demokratische Einflussnahme zielt. Die großen modernen sozialen Bewegungen des 19. Jahrhunderts, Liberalismus, Sozialismus und Feminismus, waren demokratische Bewegungen, hatten, wie ihr erster Theoretiker Lorenz von Stein um 1848 feststellte, «in allen Völkern eine gemeinschaftliche Grundlage gehabt. Das war der Begriff der rechtlichen Gleichheit der Menschen.» Im Nationalsozialismus oder Faschismus aber ging es bei der Organisierung von Aufmärschen und Versammlungen darum, «die Massen zu ihrem Ausdruck (beileibe nicht zu ihrem Recht) kommen zu lassen» (Walter Benjamin 1968). Kann deshalb die totalitäre antiemanzipatorische Instrumentalisierung von Frauen bzw. die massenhafte Zustimmung und Beteiligung der überzeugten Funktionärinnen, der Mitläufer und Opportunisten als Nachfolgeorganisation der bürgerlichen Frauenbewegung gelten? Die NS-Führerinnen wollten diesen Eindruck erwecken, z. B. indem sie auf dem Nürnberger Parteitag 1937 die «Bilder deutscher Frauenführerinnen», von Louise Otto bis Helene Lange, in der Ausstellung *Einsatz der Frau in der Nation* im Großformat an die Wand hefteten. Die historische Antwort war in diesem Fall eindeutig. Nachdem mit der Auflösung des *BDF* Deutschland in den internationalen Organisationen *ICW* und *IAW* nicht mehr vertreten war, besaß Scholtz-Klink die Dreistigkeit, sich um Aufnahme in den *ICW* zu bemühen. Dies wurde aber von der Präsidentin Lady Aberdeen abgelehnt mit dem Hinweis auf Verletzung der «Goldenen Regel» durch die Nazis. Denn seit 1888 hieß das Leitmotiv und Motto des *ICW*: «Do unto others as ye would that others should do unto you» («Tue anderen, wie du willst, dass sie dir tun»). Die 1936 revidierte Verfassung des *ICW* betonte noch einmal, eine «Föderation aller Rassen, Nationen, Religionen und Klassen» zu sein.

Entwicklung und Folgen der Politik von und gegen Frauen im Nationalsozialismus können hier nicht weiterverfolgt werden, doch sie bleiben der Hintergrund für die Frage, wie die Vertreterinnen der alten Frauenbewegung diesen Abbruch, das Ende ihrer Organisationen und feministischen Projekte erlebt und überlebt haben. Diese Frage ist nicht allgemein oder verallgemeinernd zu beantworten. Weder ist es angemessen, der Frauenbewegung insgesamt «protofaschistische Tendenzen» nachzuweisen, noch kann es darum gehen, Frauen und die Frauenbewegung als Opfer eines männlichen Chauvinismus in Gestalt des Nationalsozialismus zu entschuldigen. Frauen haben sich wie alle Deutschen sehr unterschiedlich verhalten, die Täter-Opfer-Kategorien können die vielfältigen Schattierungen zwischen Mittäterschaft und Widerstand nicht erfassen, wie auch der in der

Geschlechterforschung geführte «Historikerinnenstreit» aufgezeigt hat (vgl. Heinsohn et al. 1997). Offensichtlich aber hat die Geschlechterdifferenz in diesem Erleben eine geringere Rolle gespielt als die politische Kategorie «Rasse» (Bock 1997, 245 f.).

Die Jüdinnen, d. h. die Frauen unter den Deutschen, die jetzt als solche identifiziert wurden, waren als Erste in Gefahr. Und es waren verhältnismäßig viele, die aus dem Bildungsbürgertum kommend in der Frauenbewegung Ämter und Funktionen bekleideten (vgl. Klausmann 1997). Aus den Spitzenpositionen des *BDF* betraf dies z. B. *Alice Bensheimer* (1864–1935) im engeren Vorstand und Schriftführerin des *BDF* von 1905 bis 1931, oder *Alice Salomon*. Anlässlich ihres 60. Geburtstages war sie 1932 noch für ihre Verdienste um die Sozialarbeit von der Berliner Universität mit der Verleihung der Ehrendoktorwürde der Medizin hoch geehrt worden. Kurz danach verlor sie 1933 alle öffentlichen Ämter und wurde 1937 von der Gestapo aus Deutschland ausgewiesen. 1939 wurden ihr zudem die deutsche Staatsangehörigkeit und ihre Doktorwürde aberkannt. Der Weg ins Exil führte sie über England in die Vereinigten Staaten, wo sie sich bis zuletzt vergeblich um die Veröffentlichung ihrer Autobiografie bemüht hatte. Seit 1945 Ehrenpräsidentin des *ICW* und im *Internationalen Komitee sozialer Schulen*, ist sie 1948 in New York gestorben.

Der von *Bertha Pappenheim* (1856–1936) 1904 gegründete *Jüdische Frauenbund* hatte 1933 etwa 50000 Mitglieder mit 430 Vereinen. Pappenheim hatte sich insbesondere im Kampf gegen Mädchenhandel engagiert, ein Heim für «gefährdete» Mädchen in Neu-Isenburg gegründet, war Präsidentin des *Weltbundes jüdischer Frauen* und hat viel publiziert. Die Vereinsaufgaben hatte sie nach 1933 an jüngere Frauen wie *Ottilie Schönwald* (1883–1962, bis 1938 Vorsitzende des *JFB*), Hannah Karminski und Cora Berliner abgegeben. Doch sie hatte geglaubt, dass auch nach 1933 für die jüdische Gemeinschaft ein Bleiben in Deutschland möglich sei. Erst nach Inkrafttreten der Nürnberger Gesetze 1935 und einer Vorladung bei der Gestapo gestand sie, sich geirrt zu haben. Pappenheim starb 1936. Von nun an drehte sich bei den Verbliebenen alles um die Organisation der Auswanderung. Zunächst entschieden sich sehr viel weniger Frauen zur Auswanderung, weil sie anfangs noch leichter Arbeitsplätze in den jüdischen Haushalten finden konnten oder bei der Pflege ihrer alten Eltern unentbehrlich waren. Erst als der Männerüberschuss in den Exilländern zu einem Thema wurde, änderten die mit der Auswanderung befassten jüdischen Organisationen wie der *Reichsverbund der Juden in Deutschland* ihre Politik. Nun wurden Frauen verstärkt zur Umschulung in hauswirtschaftliche Berufe angehalten. Nach dem Novemberpogrom 1938 wurden die jüdischen Vereine wie der *JFB* zur Auflösung gezwungen. *Hannah Karminski* (1897–1943) und *Cora Berliner* (1890–1942), Professorin für Wirtschaftswissenschaften und 1933 aus dem Staatsdienst entlassen, blieben weiterhin fürsorgerisch und organisierend tätig. Sie entschieden sich aus Sorge um ihre Schicksalsgenossinnen, in Deutschland zu bleiben, obwohl sie Gelegenheit gehabt hätten auszuwandern. Beide wurden 1942 deportiert, Berliner nach Minsk, Karminski nach Auschwitz-Birkenau (Kaplan 1981, 148–152).

Auch ohne Jüdin zu sein, geriet Helene Stöcker als international anerkannte Sexualreformerin, Pazifistin und Publizistin unmittelbar nach der Machtergreifung ins Visier der Gestapo. Sie hatte bereits nach dem Reichstagsbrand Berlin verlassen und fand nach einer beschwerlichen und von Krankheit gezeichneten Odyssee über die Schweiz, Schweden und die Sowjetunion 1941 schließlich in den USA eine Bleibe. Sie wurde 1937 ausgebürgert. Ihr gesamter Nachlass war sofort von der Gestapo beschlagnahmt worden. Als sie 1943 in New York – seit Langem krank und mittellos – starb, lag ein zehnjähriges hartes Emigrationsschicksal hinter ihr (vgl. Stöcker 2015).

Viele Mitglieder der *Internationalen Frauenliga (IFFF)* wurden nach dem Reichstagsbrand sogleich verhaftet und verfolgt. Verzweiflung trieb einige zum Selbstmord, z. B. Frida Perlen. Anita Augspurg und Lida Gustava Heymann waren 1933 von einer Auslandsreise gar nicht erst nach Deutschland zurückgekehrt und suchten in realistischer Einschätzung der politischen Verhältnisse Zuflucht im Schweizer Exil, zunächst in Genf am Sitz der Geschäftsstelle, dann in Zürich. Die ursprünglich an großbürgerlichen Lebensstil Gewöhnten waren nun auf die Unterstützung ihrer Gesinnungsgenossinnen angewiesen und arbeiteten, soweit es der zunehmend verschlechterte Gesundheitszustand zuließ, als «Weltbürgerinnen» weiterhin im Netzwerk der *Internationalen Frauenliga*. Im Alter von 86 bzw. 75 Jahren ist das kongeniale Freundinnenpaar im gleichen Jahr 1943 gestorben (vgl. Kinnebrock 2005).

In ihren Antworten auf die Angriffe der Nationalsozialistinnen gegen die «alte Frauenbewegung» war Gertrud Bäumer der Kritik sehr weit entgegengekommen, ja sie wiederholte in einem Leitartikel in *Die Frau* 1933/34 (40, 385) zu «Lage und Aufgabe der Frauenbewegung in der deutschen Umwälzung» jene verheerende politische Indifferenz, die sie auch schon 1932 in ihrem Buch *Die Frau im deutschen Staate* verkündet hatte: «... im letzten Grunde (sei) es völlig gleichgültig, wie der Staat beschaffen ist, in dem heute die Frage der Einordnung der Frauen besteht: ob es ein parlamentarischer, ein demokratischer oder ein faschistischer Staat ist.» Trotzdem, auch Bäumer war im April 1933 nach dem «Gesetz zur Wiederherstellung des Berufsbeamtentums» als Ministerialrätin im Reichsministerium des Inneren entlassen worden und widmete sich mit gekürztem Ruhegehalt der Schriftstellerei. Jährlich erschienen neue Bücher, vorwiegend historische Romane, die um die mittelalterliche Reichsidee und das Wirken der Frau im Christentum kreisten. Ihr Bestseller *Adelheid, Mutter der Königreiche* aus dem Jahr 1935 eignete sich nicht nur als Sonderauflage für die Wehrmacht, sondern gehörte auch zu einem der ersten Bücher, die nach 1945 ebenso erfolgreich wiederaufgelegt wurden. Problematischer war die weitere Herausgabe der Zeitschrift *Die Frau*, die Bäumer auch nach Auflösung des *BDF* bis 1944 weiterhin verantwortete. Zwar war ihr kurzzeitig, zwischen 1935 und 1937, die Schriftleitung entzogen, doch sie behielt trotzdem die Kontrolle über Inhalt und Autoren, ließ auch Nationalsozialistinnen publizieren und vertrat selbst in Fragen der Außen- und Kriegspolitik Positionen, die der nationalsozialistischen Expansionspolitik nicht widersprachen. Andererseits meinte sie, mit dem Weiterbestehen der Zeitschrift zumindest ein Informationsorgan für die Mitglieder

der Frauenbewegung zu erhalten. Zweischneidig war diese Haltung in jedem Fall, weil die Publikation wohl «außen- und innenpolitisch dem Image der Nationalsozialisten nutzte, eine wirksame publizistische Opposition jedoch nicht ermöglichte» (Schaser 2000, 304). Selbst in ihrer 1946 erschienenen Schrift *Der neue Weg der deutschen Frau*, in der sie in dunklen Phrasen den «nationalsozialistischen Männerstaat» verteufelte, ist keine Einsicht in die eigene Verwicklung und ihre politisch riskante Rolle zu erkennen.

Erste Nachkriegszeit

Es gab keine Stunde null und auch nicht nur Trümmerfrauen, sondern sehr ungleiche Lebenslagen und unterschiedliche Leiderfahrungen. Im Chaos der Niederlage, nach der Zerstörung der Städte und Verkehrswege, nach Flucht und Vertreibung von mehr als 12 Millionen Menschen und der Auflösung des bisherigen Sozialgefüges – immer dann, wenn es ums Überleben geht, ist auf die Frauen Verlass. So auch in den ersten Nachkriegsjahren, in denen Frauen tatsächlich eine Mehrheit in den vom Deutschen Reich verbliebenen vier Besatzungszonen bildeten. Der «Frauenüberschuss» von 7 Millionen Frauen wurde immer wieder, wie zur Rechtfertigung ihrer besonderen Aufgaben und Beteiligung, zitiert. «Die Frauen haben begonnen, an der Neugestaltung des deutschen Lebens mitzuwirken. Sie wollen mit ihren fraulichen Kräften helfen, dass nicht nur Neues, sondern Besseres entsteht, um den weiblichen Einfluss im öffentlichen Leben zu verbreitern ...», so war in den Zeitungen zu lesen (*Rhein. Post*, 20.4.1946). Und das Selbstbewusstsein «Wir müssen es machen» gründete sich erneut auf das traditionelle Rollenverständnis von der besonderen Eignung der Frauen, der Welt ein «menschlicheres» Gesicht zu geben – nicht nur im besiegten Deutschland. Eine Weltbewegung der Mütter (*Mouvement Mondial des Mères)*, die 1947 eine *Charta der Mütter* auf den Weg brachte, schließlich die von der amerikanischen Journalistin Dorothy Thompson angestoßene *Weltorganisation der Mütter aller Nationen (W.O.M.A.N.)* belegen, wie groß die Friedenssehnsucht überall auf der Welt war (vgl. auch zum Folgenden Wischermann et al. 1993).

Die Initiatorinnen der «ersten Stunde» waren vorwiegend Vertreterinnen der «alten» Frauenbewegung und der Frauenbewegung vor 1933 verbundene Politikerinnen sowie Frauen der *SPD* und *KPD*, die Verfolgung und KZ-Haft überlebt hatten. Erstaunlich ist, wie schnell die ‹alte Garde› der Frauenbewegten trotz aller Beschwernisse des Reisens und der Kommunikation untereinander Verbindung aufnahm. Dazu gehörten Agnes von Zahn-Harnack, die letzte Vorsitzende des *BDF*, Dorothee von Velsen, Emmy Beckmann, Marie-Elisabeth Lüders und auch Gertrud Bäumer. Zahn-Harnack, die von den Besatzungsmächten als politisch integer und widerständig anerkannt wurde, war die Erste, die die deutsche Frauenbewegung anlässlich einer Einladung nach England 1946 im Ausland vertreten durfte. Sie hatte bereits im Frühjahr 1945 den *Wilmersdorfer*, später *Berliner Frauenbund 1945 e.V.* gegründet, «um die Frauen zu neuer Besinnung und Tat zu sammeln».

Im Zuge der Friedensinitiativen hatten sich auch Vertreterinnen der *Internationalen Friedensliga für Frieden und Freiheit* in Ost und West wieder zusammengefunden, darunter *Anna Haag* (1888–1982), die alte und neue Vorsitzende der Frauenliga in Stuttgart und bis 1950 Abgeordnete im Baden-Württembergischen Landtag, sowie *Magda Hoppstock-Huth* (1881–1959), die 1939 aus der Emigration zurückgekehrt, von den Nazis zum Tode verurteilt, jedoch von englischen Truppen befreit worden war. Sie baute in Hamburg die *IFFF*-Gruppe wieder auf und wurde als *SPD*-Abgeordnete Mitglied in der ersten Bürgerschaft. Doch gerade wegen ihrer interzonalen Verbindungen wurden die Pazifistinnen im Westen bald der kommunistischen Kollaboration verdächtigt und hatten zunehmend einen schweren Stand.

Neben der «alten Garde» war da die Riege der «neuen» Frauen, die sich den neu gebildeten Parteien zuordneten oder in den Stadtparlamenten und Behörden arbeiteten. Dazu zählte zum Beispiel *Gabriele Strecker* (1904–1983), die als Leiterin des Frauenfunks beim Hessischen Rundfunk im *Frankfurter Frauenausschuss* und darüber hinaus eine einflussreiche Rolle spielte. Eine andere führende Persönlichkeit wurde *Theanolte Bähnisch* (1899–1973), die erste 1946 zur Regierungspräsidentin berufene Frau und Initiatorin des *Clubs deutscher Frauen* in Hannover, die den Zusammenschluss der Frauenausschüsse in den Westzonen betrieb. «Fern von jedem Suffragettentum!», war die Devise, mit der Bähnisch die Frauen bei ihren Alltagsproblemen packte und versprach: «Wir wollen nicht – um in der männlichen Sprache zu reden – zu einem Machtfaktor des öffentlichen Lebens werden, sondern zu einem ‹ordnenden Faktor›.» (zit. n. Gerhard 1993, 19)

Ebenso wie die «Re-education»-Programme der Briten und Amerikaner, die mit der Erziehung zur Demokratie gezielt bei den Frauen ansetzten, einzelne Frauen bzw. den Zusammenschluss ihrer Organisationen unterstützten, wurde in der sowjetischen Besatzungszone die Gründung der *antifaschistischen Frauenausschüsse* durch die Sowjets besonders gefördert und war Teil der sowjetischen Einflussnahme und Indoktrination. Das heißt, die Frauenpolitik geriet zunehmend in den Sog des Ost-West-Konflikts. Im März 1947 war auf dem *Deutschen Frauenkongress für den Frieden* in Berlin der *Demokratische Frauenbund Deutschlands (DFD)* gegründet worden, in dem «Frauen der Arbeiterklasse und ihrer Partei, Frauen der bürgerlichen demokratischen Parteien sowie aufbauwillige Kräfte der frühen bürgerlichen Frauenbewegung» zusammenarbeiten sollten. Anwesend waren rd. 800 Frauen aus der *SBZ*, 104 Frauen aus den westlichen Besatzungszonen und ausländische Gäste. Bei der ersten interzonalen Zusammenkunft in Bad Boll kurz danach im Mai 1947 jedoch brachen viele Meinungsverschiedenheiten auf, nicht zuletzt über die Frage, ob die wegen ihrer Nazi-Vergangenheit internierten Frauen nicht vorzeitig zu entlassen wären. Unter der Regie von Theanolte Bähnisch und auf Druck der britischen Besatzungsmacht kamen die ostdeutschen Vertreterinnen kaum zu Wort. Auf dem nächsten interzonalen Frauenkongress 1948 in Frankfurt waren ostzonale Rednerinnen gar nicht mehr zugelassen worden.

Nachdem die drei westlichen Besatzungsmächte im Juli 1948 die Einberufung einer verfassunggebenden Nationalversammlung gefordert und ein Besatzungsstatut angekündigt hatten, trat am 1. September 1948 der Parlamentarische Rat in Bonn zusammen, um den auf Herrenchiemsee erarbeiteten Verfassungsentwurf zu beraten. Hierbei erwarb *Elisabeth Selbert* (1896–1986), eine der «vier Mütter des Grundgesetzes», ihre bis in die Gegenwart unschätzbaren Verdienste. Die Juristin und *SPD*-Abgeordnete insistierte darauf, dass der Gleichberechtigungsartikel nicht mehr wie in der Weimarer Verfassung nur die staatsbürgerliche Gleichheit betreffen und nicht mehr durch ein «grundsätzlich» eingeschränkt sein dürfe, vielmehr als «imperativer Auftrag an den Gesetzgeber» verstanden werden müsse. Dass ihr Vorschlag «Männer und Frauen sind gleichberechtigt» – so Art.3, Abs. 2 Grundgesetz – nach langen und zähen Debatten schließlich angenommen wurde, verdankt sich nicht nur ihrer Beharrlichkeit und Klugheit, sondern auch jener in *Frauenausschüssen* und Frauenverbänden hergestellten politischen Öffentlichkeit, die Selbert durch hohen persönlichen Einsatz und viele Vorträge auch noch zu mobilisieren verstand.

Der «Frauenaufbruch» nach 1945, für den die Beteiligten selbst die Bezeichnung «Bewegung» vermieden, weil er durch die Nationalsozialisten diskreditiert war, verebbte mit der politischen Stabilisierung und Etablierung von Parteien und Institutionen. Der im Oktober 1949 aus dem Zusammenschluss der westdeutschen staatsbürgerlichen Frauenverbände begründete *Deutsche Frauenring (DFR)* verstand sich selbst als Nachfolgeorganisation des *BDF*, und doch war diese Kennzeichnung unangemessen. Es war eine verhältnismäßig kleine Gruppierung von Funktionärinnen, die die Aufgabe staatsbürgerlicher Bildung mit einer Lobbypolitik im vorparlamentarischen Raum verbanden. Doch dies genügte, um wenigstens international die westdeutschen Frauenorganisationen zu vertreten und 1951 z. B. in den *International Council of Women (ICW)* aufgenommen zu werden. Zu welcher Bedeutungslosigkeit die deutschen Frauenorganisationen im internationalen Zusammenhang jedoch abgesunken waren, wurde den Beteiligten schmerzlich bewusst, als im Jahr 1954 ohne große Vordiskussion in einer Satzungsänderung die bisherigen drei offiziellen Sprachen für Verhandlungen und Schriftwechsel, Englisch, Französisch und Deutsch, nur noch auf zwei offizielle Sprachen reduziert wurden.

5. Die «neue» Frauenbewegung

«Die Frauenbewegung hat ihr Ziel im Wesentlichen erreicht. Es gibt keine ‹Frauenfrage› mehr, es gibt nur noch Frauenfragen», so Gabriele Strecker in ihrem Buch *Frausein – heute*. Weiter heißt es da: «Die Front Mann-Frau ist längst zu einem Partnerschaftsverhältnis gewandelt. Die Familie wird wieder entdeckt, damit die weibliche Rolle der Frau.» (1965, 67) Dies war zweifellos die Ansicht vieler ihrer Zeitgenossen, von Männern und Frauen, die sich in den 1950er Jahren im Privaten wieder in der «Normalität» einer traditionellen Geschlechterordnung eingerichtet hatten. Dieser «common sense» wurde getragen von einer aktiven Familienpolitik (sprichwörtlich wurde der Wuermeling-Ausweis des ersten Familienministers von 1953 bis 1962) und wissenschaftlich von der Psychologie über die Soziologie bis zur Medizin mit Ratgebern und Expertisen abgesichert. Nach allen Katastrophen hatte die deutsche Nachkriegsfamilie ihre «außerordentliche Widerstandskraft» als «letzte Grundlage der sozialen Zuflucht und Sicherheit» bewiesen (vgl. Schelsky 1954), war die Wiederherstellung traditioneller Geschlechterrollen sowie die Kern- oder Kleinfamilie als dominante Lebensform ein Nachweis für die «Normalisierung» der Lebensverhältnisse. Tatsächlich – so stellt die Familiensoziologie im Rückblick auf alle westlichen Industrieländer fest – lebten zu keiner Zeit vorher und nachher so viele Menschen in einer Kleinfamilie, waren so viele Menschen verheiratet, gab es so wenige Ehescheidungen und nicht eheliche Kinder wie zwischen 1950 und 1965 (Nave-Herz 1993). Doch im Blick auf die Stellung der Frauen sind die Wirtschaftswunderjahre als restaurativ und repressiv zu kennzeichnen. Auch vergleichende Studien belegen, dass die «Normalisierung» der Verhältnisse im Privaten wie auf dem Arbeitsmarkt zum Beispiel auch in den USA sowie in anderen am Krieg beteiligten Ländern zur Restauration patriarchaler Verhaltensweisen führte und mit einer «Re-maskulinisierung» in Politik, Wirtschaft und Kultur verbunden war (Moeller 1998). Auch die Amerikanerinnen, die sich doch als politische Missionare für die Erziehung der Deutschen zur Demokratie verstanden, kennzeichneten in einer Selbstbeschreibung den Feminismus der 50er Jahre in den USA mit dem Bild des «Überlebens in der Flaute» («Survival in the Doldrums»; Rupp/Taylor 1990), wiederum eine Metapher aus der Seefahrersprache, die den Blick auf die ‹langen Wellen› der Frauenbewegung schärft. Doch sie hoben hervor, dass auch die verhältnismäßig kleine Elite der Frauenrechtlerinnen in dieser Brückenzeit zumindest im Hinblick auf Frauenrechte den Boden für weiter gehende Forderungen bereitete.

Anders als in den USA, wo die Feministinnen seit den 1920er Jahren vergeblich um ein *Equal Rights Amendment (ERA)* der amerikanischen Verfassung kämpften, hatten Frauen in der BRD seit 1949 laut Art. 3 Abs. 2 die Zusicherung des Grundgesetzes, in allen Rechtsbereichen, nun auch im Privatrecht, gleichberechtigt zu sein. Allerdings hatte der Bundestag die Frist, den Art. 3 GG bis 1953 insbesondere im Familienrecht umzusetzen, verstreichen lassen – im Gegensatz zur DDR, deren Verfassungsartikel 7 zur Gleichberechtigung unmittelbar gelten sollte und die ihren Vorsprung in Sachen Gleichberechtigung in der Folge propagandistisch zu nutzen wusste. Denn auch in dem erst 1957 verabschiedeten westdeutschen Gleichberechtigungsgesetz wurde die Gleichstellung nach wie vor durch die rechtliche Privilegierung der Hausfrauen-Ehe unterlaufen und damit das Modell des männlichen Familienernährers im Bereich sowohl der Sozialgesetzgebung wie auch des Steuerrechts als Leitnorm beibehalten. Erst 1977 wurde die Reform des Familienrechts auf der Basis eines egalitären Ehemodells eingelöst.

Die Widersprüche zwischen Verfassungsauftrag und Wirklichkeit wurden im Verlauf der 1960er Jahre zunehmend zum Thema. Im *Bericht der Bundesregierung über die Situation der Frauen in Beruf, Familie und Gesellschaft* aus dem Jahr 1966 wurden unter Mitwirkung von über 100 Sachverständigen und Wissenschaftlern die «in der heutigen Zeit (an die Frauen) gestellten vielfachen Anforderungen» ausführlich erörtert. In der

Beurteilung der Situation blieb der Bericht weitgehend überkommenen geschlechtsspezifischen Leitbildern verhaftet, wonach «die Frau nach ihrer körperlichen und geistig-seelischen Beschaffenheit auf die Mutterschaft hin angelegt» ist und die «Auswirkungen der mütterlichen Erwerbstätigkeit» in der Rede von den Millionen «Schüsselkindern» nach wie vor für sehr problematisch gehalten wurden. Gleichzeitig aber wurde zur Lösung der Probleme der Doppelbelastung in Anlehnung an Alva Myrdal und Viola Klein (Myrdal/Klein 1962) das sog. «Dreiphasenmodell» zum Programm, das Frauen nach einer Erziehungszeit die Rückkehr in den Beruf versprach. Der Frauenbericht stieß in der Öffentlichkeit unerwartet auf große Resonanz und eröffnete in der nachfolgenden Periode gesellschaftspolitischer Reformen der linksliberalen Koalition – vergleichbar dem von J. F. Kennedy in Auftrag gegebenen Bericht der «Commission on the Status of Women» von 1963 in den USA – eine neue politische Agenda, die, gerade weil die vorgeschlagenen Maßnahmen als unzureichend erkannt wurden, Anlass für einen neuen Aufbruch war.

Tatsächlich war es dem *Deutschen Frauenring* vor 1969 nicht gelungen, als Dachverband der westdeutschen Frauenorganisationen anerkannt zu werden. Es gab lediglich seit 1951 mit finanzieller und politischer Unterstützung der Besatzungsmächte einen *Informationsdienst für Frauenfragen e.V.*, einen losen Zusammenschluss von Frauenvereinigungen unterschiedlicher Couleur, der zum ersten Mal in der Geschichte der deutschen Frauenbewegung die Zusammenarbeit von gewerkschaftlichen, sozialdemokratischen, konfessionellen und bürgerlichen Frauengruppierungen vorsah. Ohne ein gemeinsames Programm, das die heterogene Mitgliedschaft vor eine Zerreißprobe hätte stellen können, gab dieser Informationsdienst monatlich ein Mitteilungsblatt heraus: die bis heute bestehenden *Informationen für die Frau*. Seit den 1980er Jahren haben sie sich in Aufmachung und Inhalt unter dem Einfluss neuer Feministinnen zu einer Zeitschrift gemausert, die die Vielfalt frauenpolitischer Interessen dokumentiert. Doch am Ende der 1960er Jahre war der Informationsdienst, der sich seiner großen Mitgliederzahl von 5 Millionen organisierter Frauen rühmte, in der Öffentlichkeit kaum wahrnehmbar. Als Reaktion auf die neuen und radikalen Forderungen der Feministinnen haben sich daher die Frauenverbände 1969 eine neue Organisationsform gegeben und sich unter dem Dach eines *Deutschen Frauenrates – Bundesvereinigung deutscher Frauenverbände und Frauengruppen gemischter Verbände e.V.* zusammengeschlossen. Der *DFR*, der sich «Lobby für Frauen» nennt, umfasste 2017 59 Frauenorganisationen, darunter Berufsverbände, konfessionelle Verbände, die Frauengruppen von Parteien und Gewerkschaften sowie gemeinnützige Vereinigungen, und zählte etwa 12 Millionen Mitglieder.

Aufbruch zu einer neuen Frauenbewegung

Die «neue» Frauenbewegung ist, angeregt durch viele ausländische Impulse, Ende der 1960er Jahre entstanden. Sie war Teil der Bürgerrechts- und Protestbewegungen, die in den 1960er Jahren gegen das restaurative politische Klima, gegen Wiederbewaffnung und Atomwaffen, gegen eine konservativ-autoritär geprägte Politik des Vergessens aufbegehrten und quasi in einer Nachholbewegung die westdeutsche, von den Siegermächten geschenkte Demokratie in eine erworbene, lebendige Demokratie verwandelten. Die neuen sozialen Bewegungen haben damit die Bundesrepublik und ihre Institutionen, insbesondere die zivilgesellschaftliche Sphäre grundlegend verändert. Als «neu» und ausdrücklich «autonom» verstand sich die Frauenbewegung vor allem deshalb, weil sie sich ganz bewusst von der etablierten, traditionellen und zahm gewordenen Politik der Frauenverbände absetzte und weil sie wie die anderen neuen sozialen Bewegungen nicht nur auf Gleichberechtigung und Partizipation im bestehenden System, sondern auf die Veränderung dieser Gesellschaft und eine andere Form der Politik und politischer Teilhabe zielte. In der Gegenüberstellung und Kritik an der etablierten Frauenpolitik wurde die Bezeichnung «Feminismus» auch im Deutschen üblich und erhielt ihren radikalen, alle gesellschaftlichen Bereiche umfassenden Sinn.

Dass sich trotz politischer Gemeinsamkeiten mit der protestierenden «Linken», insbesondere der Studentenbewegung, eine eigene, separate Bewegung von Frauen auf den Weg machte, erwies sich wie zur Bestätigung historischer Erfahrungen seit 1789 erneut als notwendig, da wieder einmal die Kinderfrage und «das spezifische Ausbeutungsverhältnis, unter dem die Frauen stehen» (Sander, *Frauenjahrbuch* 1975, 10 f.), auch unter den «linken» Genossen ausgeblendet blieb. Das Signal für diesen neuen Aufbruch und die Abspaltung von der Studentenbewegung war ein inzwischen legendärer Tomatenwurf. Als die Frauen auf der Delegiertenkonferenz des *Sozialistischen Deutschen Studentenbundes (SDS)* 1968 in Frankfurt bei der zitierten grundsätzlichen Rede von *Helke Sander* feststellen mussten, dass die Genossen überhaupt nicht zuhörten, gab es einen Tumult, in dem der nächste Redner mit Tomaten beworfen wurde. Offenbar, kommentierte Ulrike Meinhof in ihrer Kolumne in der Zeitschrift *Konkret*, «müssen noch erst ganze Güterzüge von Tomaten verfeuert werden, bis da (bei den Genossen) etwas dämmert» (1968, Nr. 12, 5). Wie bereits in Berlin wurden in der Folge *Weiberräte* (z. B. in Frankfurt) und Frauengruppen gebildet, in denen nicht nur Studentinnen, sondern auch Hausfrauen und Lehrerinnen mitwirkten.

Über das studentische und universitäre Milieu hinausgewachsen ist die Frauenbewegung allerdings erst mit der Kampagne für die Streichung des Abtreibungsparagraphen § 218 StGB, in der 374, auch prominente Frauen in dem Journal *Der Stern* 1971 bekannten: «Ich habe abgetrieben.» Sie stellten unversehens auf einer Welle der Solidarität eine breite Öffentlichkeit für alle weiteren mit der Geschlechtsrolle der Frau zusammenhängenden Probleme her. Eine entsprechende französische Kampagne hatte als Vorbild gedient und war von *Alice Schwarzer*, die als Journalistin in Paris arbeitete, in die BRD getragen worden. Gleichzeitig mit den ersten Frauengruppen unter dem Kennwort «Aktion 218» bildeten sich nun überall im Land sog. Selbsterfahrungsgruppen, die nach dem Muster amerikanischer «consciousness raising groups» (vgl. *Frauenjahrbuch* 1975) einen kollektiven Lernprozess darüber einleiteten, dass die Beschränkungen der Frauenrolle, Benachteiligungen und strukturelle und individuelle Gewalt gegen Frauen nicht privates Geschick, sondern ein Politikum seien, das öffentlich zu debattieren und zu verändern wäre. Die Kampagne gegen die strafrechtliche Verfolgung des Schwangerschaftsabbruchs stand in allen neuen feministischen Bewegungen beispielhaft für die Kontrolle und Indienstnahme weiblicher Sexualität. Sie brachte einen ‹wunden Punkt› im Geschlechterverhältnis zur Sprache, der zugleich den Zusammenhang zwischen der Befreiung aus persönlicher Abhängigkeit und aus staatlicher Bevormundung verdeutlichte. In dem von der amerikanischen Bürgerrechtsbewegung übernommenen Slogan «Das Private ist politisch» war damit ein Deutungsrahmen gefunden, der die Diskurse der neuen Frauenbewegung bestimmen sollte.

Eine andere Kampagne, die fast gleichzeitig auch in England, den USA und Kanada sowie Italien zu einer breiten Mobilisierung führte, griff das Problem der geschlechtsspezifischen Arbeitsteilung auf, strategisch pointiert in der Kampagne *Lohn für Hausarbeit*. Auch für die, die das Ziel, Hausarbeit aufzuwerten und zu entlohnen, für eine falsche Strategie hielten, waren mit der Thematisierung von Hausarbeit als Arbeit und ihrer Unterbewertung und Unsichtbarkeit Alltagserfahrungen angesprochen, die als Dreh- und Angelpunkt geschlechtsspezifischer Benachteiligung und hierarchischer Machtverhältnisse erkannt wurden. Damit wurden viele Selbstverständlichkeiten im Geschlechterverhältnis plötzlich in Frage gestellt. Die lebhaften Debatten über das Verhältnis von Lohn- und Hausarbeit, angestiftet auch durch die Marx'sche Theorie und ihre Unterscheidung zwischen Produktion und Reproduktion, führten zu der Einsicht, dass die Stellung der Frauen in Familie und Beruf ebenso wie in Staat und Gesellschaft entscheidend durch die normierte Arbeitsteilung bestimmt wird. Die Frauen- und Geschlechterforschung hat daran anknüpfend in ihren Analysen die grundsätzliche Erweiterung des Arbeitsbegriffs vorgeschlagen, der nicht nur Erwerbsarbeit oder Hausarbeit im engeren Sinn, sondern vor allem auch die Erziehungs- und «Beziehungsarbeit», die «Arbeit aus Liebe», und damit die «Produktion und

Reproduktion der gesellschaftlichen Arbeitskraft in physischer, emotionaler und sexueller Hinsicht» meinte. So der Jargon in den 1970er Jahren – heute wird die Problematik unter dem Schlüsselbegriff «Care» im Sinne von Fürsorge, Pflege und Sorge für andere verhandelt. In der Sache blieb die Arbeitsteilung in der Familie und auf dem Arbeitsmarkt das nicht gelöste Kernproblem in der Geschlechterfrage.

Auch der neue Feminismus war demnach im Hinblick auf die Problemstellungen und Diskurse von Anbeginn eine internationale Bewegung. Ermutigung boten den westdeutschen Frauen die Aufsehen erregenden Aktionen (etwa die öffentliche Verbrennung von Büstenhaltern in New York 1968) des *Women's Liberation Movement (Women's Lib)* in den USA und unter gleichem Namen in Großbritannien, die Aufmüpfigkeit der *Dollen Minnas* in den Niederlanden oder der «ererbte revolutionäre Stil» des *Mouvement de Libération des Femmes (MLF)* in Frankreich (Picq 2011, 424). Über die Medien zirkulierten zwischen den verschiedenen Ländern und verschiedenen Feminismen Informationen und Texte, die zu Bestsellern avancierten, z. B. Simone de Beauvoirs *Das andere Geschlecht* aus dem Jahr 1949, das jedoch erst 1968 auf Deutsch in ungekürzter Ausgabe erschien; ferner Kate Milletts *Sexus und Herrschaft* (1971) und Shulamith Firestones *Frauenbefreiung und sexuelle Revolution* (1975). Andere im deutschen Kontext meistgelesene Bücher, die sexuelle Tabus durchbrachen und die Geschlechterbeziehung gerade unter dem Vorzeichen einer angeblich befreiten Sexualität als Machtbeziehung diagnostizierten, waren: *Der kleine Unterschied* von Alice Schwarzer sowie Verena Stefans *Häutungen*, beide 1975. Nicht zuletzt die Lektüre von Frauenliteratur aus der DDR, von Autorinnen wie Maxi Wander, Christa Wolf und Irmtraud Morgner, die später als «literarischer Feminismus» bezeichnet wurde, hat in Westdeutschland zu einem das System überwindenden feministischen Selbstbewusstsein beigetragen.

Öffentlichkeit und Projekte

In den 1970er Jahren waren in vielen Städten Frauenzentren, Beratungsstellen, Frauengesundheits- und Mütterzentren entstanden, die als Umschlagplätze und Drehscheibe für weitere Mobilisierungen dienten. Dass die Frauenbewegung in dieser Zeit in der Öffentlichkeit ankam, sich eine Bewegungsöffentlichkeit auch im Sinne einer Gegenkultur schuf, ist an der großen Zahl von Frauenbuchläden, Frauenzeitschriften und Frauenverlagen abzulesen sowie an der Tatsache, dass führende Verlagshäuser Frauenliteratur in ihre Programme aufnahmen. Hinzu kamen Frauenseminare an Universitäten, Volkshochschulen und Bildungsstätten. Unter den zwischen 1973 und 1980 fast 400 erschienenen Periodika waren *Courage* (1976–1984) und *Emma* (seit 1977 bis heute) die auflagenstärksten überregionalen Zeitschriften, in denen durchaus unterschiedliche politische Orientierungen und Zielsetzungen formuliert wurden. Während *Courage* ein im Kollektiv hergestelltes Produkt war, dessen Autorinnen vorwiegend aus dem studentischen, akademischen und linksorientierten Milieu stammten, war *Emma* von vornherein das Publikationsorgan von Alice Schwarzer, die als Journalistin und Prototyp *der* streitbaren Feministin nicht nur ihrer Zeitschrift, sondern auch dem bundesrepublikanischen Feminismus ihren Stempel aufzudrücken suchte. Das überzeichnete ihre Rolle und musste provozieren angesichts der basisdemokratischen Orientierung, trotzdem hat *Emma* wesentlich zur Popularisierung und Vermittlung feministischer Konzepte in breite Leserschichten, nicht zuletzt auch bei männlichen Lesern, beigetragen.

Breitenwirkung entfalteten schließlich die großen Veranstaltungen, die sich explizit an jede Frau, auch außerhalb der Universitäten, wandten: z. B. die seit 1976 jährlich veranstalteten *Sommeruniversitäten* der Freien Universität Berlin, die an wechselnden Orten einberufenen *Historikerinnen-Treffen* oder das *Frauenforum im Revier* 1979 in Dortmund, das die praktischen Probleme und Lebensbedingungen von Frauen im Ruhrgebiet verhandelte und an dem mehr als 5000 Frauen teilnahmen. Die neu entstandene Freizeit- und Geselligkeitskultur, die Frauenfeste, -kabaretts, -cafés und Frauenkneipen verstärkten das «Wir-Gefühl», schufen neue Bewegungsräume und Milieus für eine kollektive Identität. Und es begann Spaß zu machen, wie die Beteiligten betonten, was früher Angst gemacht hatte: ohne Männer in die Kneipe oder ins Kino zu gehen, allein zu verreisen. Dabei wurde der zur Selbstfindung anfangs notwendige und manchmal rigide Ausschluss von Männern den Feministinnen besonders übel genommen – ungeachtet der zahllosen Männerclubs und nach wie vor exklusiv männlichen Räume der Macht in Politik, Wirtschaft und repräsentativer Geselligkeit.

Als Markenzeichen der westdeutschen Frauenbewegung bildete sich die Arbeit in Projekten heraus, eine Aktions- und Organisationsform, in der Frauensolidarität praktisch tätig werden konnte. Unter der Vielzahl mit Phantasie, aber meistens wenig Geld organisierten Selbsthilfe-Projekte war die Einrichtung von *Frauenhäusern* als Zufluchtsstätten für geschlagene Frauen das nachhaltigste Projekt. Denn das zentrale Thema, das die neue Frauenbewegung aufgebracht hat, war die Skandalisierung der *Gewalt gegen Frauen*, war der Nachweis vielfältiger Formen von direkter wie struktureller Gewalt im Geschlechterverhältnis. Größere Aufmerksamkeit in der bundesrepublikanischen Presse erlangte die Problematik durch das *Internationale Tribunal Gewalt gegen Frauen*, auf dem im März 1976 in Brüssel Frauen aus allen Teilen der Welt als Zeuginnen, mit Dokumentationen oder mit Hilfe von Foto- und Filmmaterial über erlittene Gewalt berichteten. In der abschließenden Resolution wurde ein feministischer Begriff von Gewalt erarbeitet, der sowohl direkte persönliche Angriffe auf Frauen als auch die subtilen und unsichtbaren, in der Gesellschaft verankerten strukturellen Gewaltverhältnisse einschloss. Der Protest gegen die Normen männlicher Sexualität, die sog. Zwangsheterosexualität, ermöglichte schließlich auch die Entdiskriminierung weiblicher Homosexualität und die Anerkennung lesbischer Beziehungen als Lebensform.

In der BRD wurde das erste Frauenhaus 1976 in Berlin eröffnet, am Beginn der 1980er Jahre gab es bereits ca. 100 Frauenhäuser, die von Frauen aus der autonomen Bewegung initiiert und nach dem Prinzip der Selbsthilfe, der Teamarbeit und Basisdemokratie unter dem Motto «Frauen helfen Frauen» organisiert wurden. Die Frauenhäuser hatten von Anbeginn gegen viele Widerstände zu kämpfen. In der Konkurrenz um öffentliche Gelder und staatliche Förderung zeigte sich das Dilemma einer auf Geld und Anerkennung angewiesenen Autonomie. So waren die autonomen Frauenhäuser erst Anfang der 1980er Jahre prinzipiell bereit, «Staatsknete» über eine institutionelle Förderung in Anspruch zu nehmen.

Autonomie oder Institution

Anders als die «alte» Frauenbewegung gründete die «neue» keine Vereine oder Organisationen, sie verstand sich ausdrücklich als Basisbewegung, die eine Stellvertreterpolitik, erst recht «Führerinnen», strikt ablehnte. Sie bestand aus einem losen Netzwerk von Gruppen und weiteren Netzwerken, Projekten und organisierten Treffen, die für bestimmte Themen und Anliegen eine Öffentlichkeit herstellten und damit zur Mobilisierung und Verbreiterung der Bewegung beitrugen. Diese lockere Form der Organisation war Stärke und Schwäche zugleich: Stärke, weil sie politisch unabhängig war und Raum bot für die unterschiedlichsten Anliegen und Initiativen. Zumindest zweischneidig aber war das Prinzip der Autonomie, das die westdeutsche Frauenbewegung im Vergleich zu den Frauenbewegungen anderer Länder charakterisierte und von ihr mit besonderer Rigidität verfochten wurde (Ferree 1990). Es ging um Autonomie in doppelter Hinsicht: Individuell bedeutete Autonomie Selbstbestimmung, vor allem auch über den eigenen Körper, sowie Befreiung aus männlicher Bevormundung und ökonomischer Abhängigkeit. Politisch meinte Autonomie die Separierung und Unabhängigkeit von der männerdominierten Linken und von Männern überhaupt, aber auch Unabhängigkeit der Bewegung von allen Institutionen des Staates, insbesondere auch von den Parteien.

Das Festhalten am Prinzip der Autonomie, die zum Prüfstein für Radikalität und einen richtigen Feminismus wurde, sowie die dogmatische Gegenüberstellung von «Autonomie oder Institution» (so der Titel der Sommeruniversität der Frauen 1979) führten spätestens in den 1980er Jahren zu Kontroversen, die die Durchsetzung politischer Ziele behinderten. Dabei deutete sich die Verbreitung feministischer Ideen im Zulauf ganz neuer Gruppierungen an. Diese Verbreiterung und gleichzeitig größere Heterogenität ihrer Anhängerschaft war entgegen allen Unkenrufen vom Ende der Frauenbewegung als Mobilisierungserfolg zu interpretieren. Er speiste sich aus verschiedenen Quellen, z. B. aus der Friedensbewegung, aus einer neuen frauenpolitischen Orientierung gewerkschaftlicher Frauenpolitik sowie einer die Kirchenoberen beunruhigenden feministischen Theologie, die weltweit in einer ökumenischen Bewegung der Frauen 1983 in Vancouver ein erstes «Gender Mainstreaming» einführte. Außerdem bildeten sich Plattformen für den Austausch und die Zusammenarbeit zwischen Feministinnen und Parteifrauen, z. B. 1980 die *Initiative 6. Oktober*. Selbst an den *Informationen für die Frau*, dem Presseorgan des Deutschen Frauenrates, war abzulesen, dass sich auch hier der feministische Einfluss nicht mehr verhindern ließ, etwa in der Behandlung der Problematik der Gewalt gegen Frauen. Mit der Partei *Die Grünen*, seit 1983 im Bundestag vertreten, tauchten erklärte Feministinnen als Funktionsträgerinnen in der offiziellen Politik auf. Sie belebten die frauenpolitische Diskussion mit einer neuen Quotierungsdebatte und dem Entwurf eines Antidiskriminierungsgesetzes, der jedoch 1986 im Bundestag keine Mehrheit fand. Schließlich wurde mit der Etablierung von Gleichstellungsstellen auf Länderebene und in den Kommunen ein ganz neues Politikfeld im politisch-administrativen System eröffnet, das sich – je nach persönlichen und politischen Rahmenbedingungen – als Schnittstelle zwischen Verwaltung, Politik, traditionellen Frauenverbänden und Initiativen der Frauenbewegung erwies (vgl. Rudolph/Schirmer 2004). Die aus der autonomen Bewegung entstandene Frauenforschung hat seit der zweiten Hälfte der 1980er Jahre einen bemerkenswerten Prozess der Institutionalisierung und Professionalisierung erlebt, der sie heute als kritische Instanz im Kanon der Wissenschaften ausweist, auch wenn es in vieler Hinsicht an

Ressourcen und der Rezeption ihrer Erkenntnisse mangelt. Frauen- und Geschlechterforschung kann und will nicht die Politik einer sozialen Bewegung bestimmen, doch sie ist ihr kulturelles Gedächtnis und bereitet mit der Einübung in Kritik und ihrem Expertinnenwissen möglicherweise den Boden für eine nächste ‹Welle› des Feminismus.

Die ostdeutsche Frauenbewegung

Die ostdeutschen Frauen, die sich entscheidend am revolutionären Umbruch beteiligten und im Herbst 1989 den *Unabhängigen Frauenverband (UFV)* gründeten, hatten eine andere, ebenfalls bewegende und bewegte Vorgeschichte. Seit dem Beginn der 1980er Jahre gab es verstärkt informelle Frauengruppen, die sich als Teil einer «nichtstaatlichen Frauenbewegung in der DDR» verstanden und deren Existenz eine wichtige Ausgangsbasis für die 1989 mögliche Mobilisierung war. Zu ihnen gehörten drei Strömungen, die in der Grauzone zwischen Freundinnengruppe, Selbsthilfegruppe und Diskussionskreis entstanden waren (Kenawi 1995): 1. Die Gruppen «Frauen für den Frieden», die sich nach dem Erlass eines Wehrdienstgesetzes von 1982 gebildet hatten, das im Falle der Mobilmachung auch Frauen zum Dienst mit der Waffe verpflichtete; 2. die kirchlichen Frauengruppen, die sich zum Teil aus der traditionellen Frauenarbeit in der Kirche rekrutierten, vor allem aber aus Arbeitsgruppen zu feministischer Theologie, die in Anlehnung an die Frauenbewegung in der Ökumene sowie die Frauenforen der Evangelischen Kirchentage einen der wenigen erlaubten Kommunikationsströme zwischen Ost und West nutzen konnten. Schließlich 3. die Lesbengruppen, die sich seit Mitte der 1980er Jahre teilweise aus den «Arbeitskreisen Homosexualität» abgelöst hatten und ein lesbisches Selbstverständnis entwickelten. Alle diese Gruppen, die als Oppositionsbewegung Schutz im Raum der evangelischen Kirche und Akademien fanden, veranstalteten seit 1984 jährliche Frauentreffen und bildeten im Laufe der Zeit verschiedene Netzwerke, die durch Rundbriefe wie das *Lila Band* und Arbeitsgruppen zu Gewalt gegen Frauen, Gentechnologie oder

Sozialisation verbunden waren. Während die Friedensgruppen sich vor allem als Systemopposition verstanden, der es vorrangig um Diktaturkritik ging, waren die anderen beiden Gruppierungen eher als feministisch zu kennzeichnen, da für sie die Patriarchatskritik im Mittelpunkt stand. In der Wende formierten sich die Oppositionsgruppen neu, haben sich insbesondere die Frauen aus den Friedensgruppen (z. B. Bärbel Bohley, Ulrike Poppe oder Katja Havemann) in den gemischten Gruppen der Bürgerrechtsbewegung – wie *Neues Forum*, *Demokratie Jetzt* oder *Demokratischer Aufbruch* – engagiert und wesentlich zu ihrem Erfolg beigetragen.

Dem «Aufruf an alle Frauen» zur Gründung des *Unabhängigen Frauenverbandes* am 3. Dezember 1989 in der Berliner Volksbühne waren mehr als 1200 Frauen gefolgt. Sie kamen aus ganz unterschiedlichen Zusammenhängen. In dem von Ina Merkel verfassten und per Akklamation angenommenen *Manifest für eine autonome Frauenbewegung* unter dem Motto «Ohne Frauen ist kein Staat zu machen» ging es um die «Interessenwahrnehmung und -vertretung von Frauen» und eine «sozialistische Alternative» zur Wiedervereinigungspolitik, denn dies «hieße in der Frauenfrage drei Schritte zurück». Stattdessen forderten die Frauen «einen modernen Sozialismus auf deutschem Boden», «eine ökologische Reorganisation der Gesellschaft», Demokratie, Selbstverwaltung und Öffentlichkeit, «eine multikulturelle Gesellschaft» und «ein solidarisches Miteinander aller sozialer Gruppen» (Kahlau 1990, 28 f.).

Westdeutsche Feministinnen – nach wie vor auf kritischer Distanz zu institutionalisierter Politik, an Niederlagen und Marginalisierung gewöhnt – konnten nur staunen, wie schnell ihre ostdeutschen Kolleginnen bereit waren, die gewonnene «Freiheit vom Staat» im zivilgesellschaftlichen Sinn zur direkten «Teilnahme am Staat» als parteipolitisch organisierte Interessenvertretung zu nutzen (Hampele-Ulrich 2000, 20), nicht nur in der Forderung nach Beteiligung am *Zentralen Runden Tisch*, sondern auch als Partei auf gemeinsamer Wahlplattform mit der *Grünen Partei* der DDR bei den ersten freien Wahlen zur Volkskammer im März 1990. Dass der *UFV* schließlich kein Mandat erzielte, hatte viele Gründe. Offenbar aber hatte der *UFV* mit seinen politischen Forderungen und seiner feministischen Kritik nicht genügend Resonanz unter den Frauen in Ostdeutschland gefunden, da sie vieles für selbstverständlich hielten, was nun wieder in Frage stand: u.a. die Möglichkeit zur Vereinbarung Mutterschaft und Berufstätigkeit, den Zugang zu öffentlicher Kinderbetreuung und das gesetzlich verankerte Recht auf einen selbstbestimmten Schwangerschaftsabbruch.

1989 als Zäsur: Ende oder Anfang einer neuen Frauenbewegung

Seit der Vereinigung der beiden deutschen Staaten war die westdeutsche Frauenbewegung politisch an einem Ende angekommen, da sie nur für westdeutsche Erfahrungen und Orientierungen stand. Waren die westdeutschen Feministinnen zunächst allzu selbstverständlich davon ausgegangen, dass sie von den in Sachen Gleichberechtigung und Bürgerrechtsbewegung erprobten ostdeutschen Frauen Verstärkung erhalten würden – eine Erwartung, die möglicherweise der von westdeutscher Seite durchgesetzten Politik eines «Beitritts» entsprach –, so taten sich sehr schnell Differenzen und unerwartete Missverständnisse auf. Sie waren in den unterschiedlichen Biographien, Erfahrungen und Lebenslagen begründet, weshalb die politischen Konzepte trotz gemeinsamer Sprache Unterschiedliches bedeuten konnten. Das galt für Begriffe wie «Gleichberechtigung» und «Emanzipation», die in der DDR als staatlich verordnete Frauenpolitik in Misskredit geraten waren, aber auch für die Tatsache, dass Familie oder die Privatsphäre von Frauen unter sozialistischer Diktatur als «Raum der Freiheit», offen für die «Entwicklung individueller Initiative und Autonomie» (Einhorn 1993, 6) erlebt worden war, nicht aber als der Bereich, in dem gravierende Unrechtserfahrungen gemacht wurden. Im Ergebnis zeigte sich, dass die nach Interessenlage und Geschichte so unterschiedlichen Frauenbewegungen in Ost und West in der Hektik des Vereinigungsprozesses keine gemeinsame politische Kraft, keinen Machtfaktor, bilden konnten.

Das Jahr 1989 stellt also mit der Vereinigung zweier deutscher Staaten gerade auch für Frauenfragen, den Feminismus und die Frauenpolitik in Deutschland eine historische Zäsur dar, weil es die politischen Diskurse und Prioritäten grundlegend verändert hat. Im «Vereinigungsgeschäft», das Beobachterinnen als beispiellose Inszenierung des westdeutschen Patriarchats charakterisierten (Young 1999), wurden feministische Interessen und Initiativen aus West und Ost nicht berücksichtigt, ebenso wie auch die etablierten Frauenorganisationen nicht beteiligt und von jeglicher Entscheidungsmacht ausgeschlossen waren. Das ließe sich an verschiedenen Einmischungsversuchen belegen, etwa der Erfolglosigkeit der Verfassungsbewegung, für die sich die Bürgerrechtsbewegungen, aber auch Feministinnen in Ost und West mit Initiativen wie *Frauen für eine neue Verfassung* (*Feministische Studien extra* 1991) oder *Frauen in bester Verfassung* starkgemacht hatten. Es gelang lediglich, 1993 eine Präzisierung des Artikels 3 Abs. 2 GG durchzusetzen. Danach «fördert der Staat die tatsächliche Durchsetzung der Gleichberechtigung von Frauen und Männern und wirkt auf die Beseitigung bestehender Nachteile hin», d. h., der Prozess um die immer wieder neu zu bestimmenden Aspekte der Rechtsgleichheit geht weiter.

Ausblick

Nach der Jahrtausendwende wurde in den Medien wiederholt gefragt: «Brauchen wir einen neuen Feminismus?» In Zeitschriften, Büchern und Dossiers wurden ebenso viele Klischees über den «alt» und obsolet gewordenen Feminismus verbreitet, seine Männerfeindlichkeit, seine Klagelieder und Opfermythen kritisiert, wie ein «neuer Feminismus» propagiert wurde, der all dies nicht mehr nötig habe. Frauen heute, so lautete die Botschaft, seien leistungsstark, karrierebewusst, lustorientiert und in der Lage, «sich mit Energie, Disziplin, Selbstbewusstsein und Mut in einer Gesellschaft wie der unseren durchzusetzen» (Dorn, *Das Parlament*, 12.2.2007). Nun gehört die Rede vom «Ende des Feminismus» zu seiner Geschichte. Gleichwohl waren die Verweise auf Leistung und Wahlfreiheit so offensichtlich einem neoliberalen Zeitgeist geschuldet, dass sie gerade unter Frauen der jüngeren Generation Widerspruch provozierten. In den Antworten kamen alternative Lebensentwürfe, neue Formen von Widerstand und eine Vielzahl kultureller Praktiken zum Ausdruck, die sich als streitbar und feministisch motiviert darstellen. Angesichts anhaltender Ungleichheitserfahrungen in den Geschlechterbeziehungen und im Wissen um die Differenzen auch unter Frauen wehrt sich eine jüngere Generation von FeministInnen gegen die nach wie vor stereotypen Bilder von Weiblichkeit, gegen strukturelle Barrieren auf dem Arbeitsmarkt, in Wirtschaft und Politik sowie gegen alle Formen sexueller Gewalt (vgl. *Feministische Studien* 2/2008). So hat 2013 die Initiative *#aufschrei* auf Twitter mit zigtausend Tweets innerhalb kurzer Zeit eine breite gesellschaftliche Debatte über den alltäglichen Sexismus ausgelöst und damit in der allgemeinen Berichterstattung auch für andere Probleme in den Geschlechterverhältnissen mobilisiert. «Der Feminismus und seine Anliegen sind noch lange nicht erledigt», hieß es da. Neben der permanenten Bedrohung durch sexuelle Gewalt wurde die Aufmerksamkeit zugleich auf die Probleme der Lohnungleichheit, der Vereinbarkeit von Familie und Beruf sowie der mangelnden Repräsentanz in Politik und Wirtschaft gelenkt.

Durch die *sozialen Medien* international vernetzt, bedienen sich junge Frauen und Männer überall auf der Welt neuer Aktions- und Kommunikationsformen, nicht zuletzt in den Kunst- und Musikszenen sowie in der Popkultur (vgl. etwa die feministische Zeitschrift *Missy Magazine*). Danach ist «Feminismus … kein abstraktes Konzept, sondern gelebte Alltagskultur, (die) alle Lebensbereiche durchdringt» (Eismann 2008, 12). Als neues Instrument zur Bildung von Netzwerken und (Gegen-)Öffentlichkeiten ist das Internet allerdings auch eine bisher unkontrollierte Plattform für persönliche Diffamierungen, sexuelle Belästigung und Nötigung. Alles, was mit Geschlecht/«Gender», mit Gleichstellungspolitik, «Gender Mainstreaming» oder auch Geschlechterforschung zu tun hat, wird dabei als «Genderismus» abgewertet und denunziert.

So ist das Bild unübersichtlich: Einerseits macht sich in den

Medien ein neuer Antifeminismus oder Anti-Genderismus breit, der auch als konservative, polemische und sexistische Reaktion auf den Erfolg des Feminismus als Bewegung zu werten ist. Denn die Frauenbewegung hat seit den 1970er Jahren eine kulturelle Revolution in den Geschlechterverhältnissen ausgelöst, die Leitbilder und Lebensentwürfe von Frauen grundlegend verändert und mit ihren Kampagnen für mehr Geschlechtergerechtigkeit wesentlich zur Zivilisierung und Demokratisierung der Gesellschaft beigetragen. In der Folge haben Gesetze und Gleichstellungspolitiken in vielen Lebensbereichen die Voraussetzungen für gleichberechtigte Teilhabe verbessert, auch wenn Bildungsgewinne die soziale Ungleichheit auch unter Frauen keineswegs verringert haben. Denn die strukturellen Barrieren im Zugang zu beruflichen Karrieren und politischer Entscheidungsmacht, vor allem die häusliche Arbeitsteilung, sind noch immer so fest mit alten Gewohnheiten und Privilegien verzurrt, dass einzelne Frauen zwar mit Hilfe anderer Frauen – entweder der immer weniger verfügbaren Großmütter oder illegal bzw. prekär beschäftigter Frauen – persönlich reüssieren, aber nicht die Welt verändern können. Doch der Rückzug auf den individuellen Erfolg ist – so Hannah Arendt 1960 – ein «Weltverlust», der die Gabe der Freiheit nicht zu gemeinsamem Handeln, zur Anteilnahme und Solidarität mit anderen nutzt.

Andererseits haben feministische Theoretikerinnen seit den 1990er Jahren ihre eigenen Grundannahmen – die alles strukturierende Kategorie «Geschlecht» oder «Mann» und «Frau» – kritisch hinterfragt, insofern die Geschlechterdifferenz und die Differenzen unter den Frauen auch von anderen sozialen Dimensionen der Ungleichheit wie Klasse, Ethnie oder sexueller Orientierung geprägt und überlagert sind. Die «Dekonstruktion» des «Frau»-Seins als tragenden Bezugspunkts feministischer Theorie und Politik unter dem Stichwort «Gender Trouble» (vgl. Butler 1990) hat zu heftigen weltweiten Kontroversen und zu Irritationen über die Möglichkeiten feministischer Politik geführt. Doch gleichzeitig hat sie die Aktualität und Relevanz von Geschlechterforschung und -politik unter Beweis gestellt.

Tatsächlich sind im Blick auf die Probleme der Geschlechtergerechtigkeit lokal und transnational Frauenbewegungen und feministische Netzwerke entstanden, die auch als «Third Wave Feminismus» bezeichnet werden. Ihr Ausgangspunkt waren die von den Vereinten Nationen seit 1975 veranstalteten Weltfrauenkonferenzen. Sie haben zunehmend für Frauen in der *Einen Welt* eine Plattform gebildet, die für ihre internationale Vernetzung, aber auch für ihre Arbeit vor Ort eine Ermächtigung zu politischem Handeln ermöglichte. Zu den weltweiten Initiativen gehört zum Beispiel *Women Living under Muslim Laws*, ein Netzwerk von Aktivistinnen in 70 Ländern mit muslimischer Bevölkerung, ebenso *Woman in Black* oder die *Madres de la Plaza de Mayo* in Argentinien. Darüber hinaus gibt es viele zivilgesellschaftliche Bündnisse unter dem Motto «Frauenrechte sind Menschenrechte» (vgl. Peters/Wolpe 1995). Das in Vorbereitung der UNO-Weltkonferenz für Menschenrechte 1993 in Wien veranstaltete Tribunal über «Gewalt gegen Frauen» hat mit der Dokumentation der an Frauen in aller Welt begangenen Menschenrechtsverletzungen wesentlich dazu beigetragen, dass das Thema «Women's Human Rights» auf der Weltfrauenkonferenz 1995 in Beijing die Weltöffentlichkeit aufrüttelte. In der Folge wurden ein Sonderberichterstatter zur Gewalt gegen Frauen bei den Vereinten Nationen bestellt sowie weitere internationale Organisationen gegründet, die sich für die Menschenrechte von Frauen und all denen einsetzen, die wegen ihres Geschlechts oder ihrer sexuellen Orientierung besonders verletzbar sind (vgl. *International Coalition of Women Human Rights Defenders*).

Die Reklamation der Menschenrechte im Blick auf Geschlecht und Geschlechtlichkeit und damit die Radikalisierung des Versprechens der Freiheit und Gleichheit aller Menschen begann 1791 mit der Umformulierung der sog. *Allgemeinen Menschenrechtserklärung* von 1789 durch Olympe de Gouges' *Erklärung der Rechte der Frau und Bürgerin*. Die Orientierung an den Menschenrechten begleitete die Frauenbewegungen des 19. Jahrhunderts in ihren verschiedenen Richtungen und Mobilisierungswellen rund um den Globus – im Kampf um das Stimmrecht 1876 von Hedwig Dohm treffend auf den Begriff gebracht:

«Die Menschenrechte haben kein Geschlecht.» Dass diese Erkenntnis auch heute noch die verschiedenen Initiativen transnational und international trägt, verweist auf ihre Überzeugungskraft, aber auch auf besondere Umsetzungsprobleme. Denn auch nach der rechtsförmigen Anerkennung in der *Allgemeinen Erklärung der Menschenrechte* durch die *Vereinten Nationen* im Jahr 1948 ist ihre Geltung und Wirksamkeit nicht gewährleistet. Selbst die 1979 von der UNO-Generalversammlung verabschiedete *Konvention über die Beseitigung jeder Form von Diskriminierung der Frau (CEDAW)* wurde von vielen Staaten nur unter Vorbehalten ratifiziert. Trotzdem, diese Rechtsform verleiht denjenigen eine Stimme, die Unrecht erfahren haben. Es sind Rechtsverbürgungen auch jenseits der jeweils geltenden staatlichen Gesetze, die von jeder Einzelnen in Anspruch genommen werden können. Weil frauen- und geschlechtsspezifische Unrechtserfahrungen nach wie vor in allen Kulturen selbstverständlicher Bestandteil der traditionellen Geschlechterordnung sind, bedarf es jedoch immer wieder politischer Interventionen und sozialer Bewegungen, die erfahrenes Unrecht in der Öffentlichkeit zur Sprache bringen.

Unter dem Motto «für die Gewalt des Rechts gegen das Recht der Gewalt» hatte die Frauenrechts- und Friedensbewegung 1899 anlässlich der Ersten Haager Friedenskonferenz die Frauen aller Länder zur Intervention aufgerufen. Mit Millionen Unterschriften war sie für die Menschenrechte von Frauen und ihre Anerkennung als Voraussetzung für demokratische Verhältnisse und den Weltfrieden eingetreten. Heute ist diese Forderung für Frauen in allen Teilen der Welt von ebenso großer Aktualität. Denn Rechte sind kein Haben oder Besitz, sondern müssen immer wieder erkämpft, verteidigt und an den geltenden Standards von Gerechtigkeit neu vermessen werden. Die mehr als 200-jährige Geschichte des neuzeitlichen Feminismus stellt einen großen Schatz von historischem Wissen, Einsichten und kritischer Analyse bereit, den zu bewahren sich lohnt.

Literaturauswahl

Übersichten

Frevert, U. (1986): Frauen-Geschichte. Zwischen bürgerlicher Verbesserung und neuer Weiblichkeit, Frankfurt/M. | Gerhard, U. (1990a): Unerhört. Die Geschichte der deutschen Frauenbewegung, Reinbek. | Greven-Aschoff, B. (1981): Die bürgerliche Frauenbewegung in Deutschland: 1894–1933, Göttingen. | Lange, H./Bäumer, G. (Hg.) (1901): Handbuch der Frauenbewegung, Berlin, Bd. I und II. | Nave-Herz, R. (1993): Die Geschichte der Frauenbewegung in Deutschland, Bonn/Hannover. | Offen, K. (2000): European Feminisms 1700–1950. A Political History, Stanford. | Rossi, A. S. (1988): The Feminist Papers. From Adams to Beauvoir, Boston.

1. Zeitenwende in den Geschlechterbeziehungen

Bäumer, G. (1901): Die Geschichte der englischen Frauenbewegung, in: Lange, H./Bäumer, G. (Hg.): *Handbuch der Frauenbewegung*, Berlin: Bd. I, 1–166. | Blanc, O. (1989): Olympe de Gouges (dt.), Wien. | Burmeister, K. H. (1999): Olympe de Gouges. Die Rechte der Frau 1791, Bern/Wien. | Condorcet, J. A. de (1979): Über die Zulassung der Frau zum Bürgerrecht [zuerst 1789], in: Schröder, H. (Hg.): *Die Frau ist frei geboren*, München: 55–65. | Duhet, P.-M. (1971): Les Femmes et la Révolution 1789–1794, Paris. | Gerhard, U. (1990b): Gleichheit ohne Angleichung. Frauen im Recht, München. | Gerhard, U./Jansen, M./Maihofer, A./Schmid, P./Schulz, I. (Hg.) (1990): Differenz und Gleichheit. Menschenrechte haben (k)ein Geschlecht, Frankfurt/M. | Hippel, Th. Gottlieb von (1792): Über die bürgerliche Verbesserung der Weiber, Berlin. | Honegger, C. (1991): Die Ordnung der Geschlechter. Die Wissenschaften vom Menschen und das Weib, Frankfurt/M./New York. | Petersen, S. (1987): Marktweiber und Amazonen. Frauen in der Französischen Revolution, Köln. | Pizan, Chr. de ([1405] 1986): Das Buch von der Stadt der Frauen, Berlin. | Weber, M. ([1907] 1971): Ehefrau und Mutter in der Rechtsentwicklung, Aalen. | Weckel, U. (2000): Gleichheit auf dem Prüfstand, in: Opitz, C. et al. (Hg.): *Tugend, Vernunft und Gefühl. Geschlechterdiskurse der Aufklärung und weibliche Lebenswelten*, Münster: 209–247. | Wollstonecraft, M. ([1792] 1975/1976): Verteidigung der Rechte der Frauen, Zürich, 2 Bde.

2. Die Freiheitsbewegungen um die 1848er Revolution

Anderson, B. S. (2001): Joyous Greetings. The First International Women's Movement, 1830–1860, Oxford. | Flexner, E. (1978): Hundert Jahre Kampf. Die Geschichte der Frauenrechtsbewegung in den Vereinigten Staaten, Frankfurt/M. | Die *Frauen-Zeitung* von Louise Otto von 1849/50. «Dem Reich der Freiheit werb' ich Bürgerinnen» (1979), hg. v. U. Gerhard/E. Hannover-Drück/R. Schmitter, Frankfurt/M. | Goetzinger, G. (1983): Für die Selbstverwirklichung der Frauen. Louise

Aston in Selbstzeugnissen und Dokumenten, Frankfurt/M. | Grubitzsch, H./Lagpacan, C. (1980): Freiheit für die Frauen – Freiheit für das Volk, Frankfurt/M. | Hauch, G. (1998): Frauen-Räume in der Männer-Revolution 1848, in: Dowe, D. et al. (Hg.): *Europa 1848. Revolution und Reform*, Bonn: 841–900. | Hummel-Haasis, G. (Hg.) (1982): «Schwestern zerreißt eure Ketten». Zeugnisse zur Geschichte der Frauen in der Revolution von 1848/49, München. | Lipp, C. (Hg.) (1986): Schimpfende Weiber und patriotische Jungfrauen. Frauen im Vormärz und in der Revolution 1848/49, Bühl-Moos. | Möhrmann, R. (1977): Die andere Frau. Emanzipationsansätze deutscher Schriftstellerinnen im Vorfeld der Achtundvierziger Revolution, Stuttgart. | Möhrmann, R. (1978): Frauenemanzipation im deutschen Vormärz, Stuttgart. | Paletschek, S. (1990): Frauen und Dissens. Frauen im Deutschkatholizismus und in den freien Gemeinden 1841–1852, Göttingen. | Paletschek, S. (1998): Wer war Lucie Lenz?, in: Doßmann, A. (Hg.), 1848, Hamburg: 31–57. | Scott, J. W. (1996): Only Paradoxes to Offer. French Feminists and the Rights of Man, London.

3. Die hohe Zeit der Frauenbewegungen und ihrer Organisationen

Bäumer, G. (1921): Die Geschichte des Bundes Deutscher Frauenvereine, Berlin. | Bäumer, G. (1931): Die Frau im neuen Lebensraum, Berlin. | Bebel, A. ([1879] 1964): Die Frau und der Sozialismus, Berlin. | Braun, L. ([1901] 1979): Die Frauenfrage, Berlin/Bonn. | Dohm, H. (1876): Der Frauen Natur und Recht, Berlin. | Hause, St. C. (1987): Hubertine Auclert. The French Suffragette, New Haven/London. | HLA = Helene Lange-Archiv Berlin: Abt., Karton – Mappe. | Der Internationale Kongress für Frauenwerke und Frauenbestrebungen in Berlin 1896 (1897), hg. v. R. Schoenflies et al., Berlin. | Der Internationale Frauen-Kongress in Berlin (1904), hg. v. M. Stritt i. A. des BDF, Berlin. | IFFF = Internationale Frauenliga für Frieden und Freiheit (Hg.) (1920): Völkerversöhnende Frauenarbeit während des Weltkrieges, Bd. 1–4, München. | Juchacz, M. (1971): Sie lebten für eine bessere Welt, Berlin. | Kinnebrock, S. (2005): Anita Augspurg (1857–1943). Feministin und Pazifistin zwischen Journalismus und Politik, Herbolzheim. | Klausmann, Chr. (1997): Politik und Kultur der Frauenbewegung im Kaiserreich, Frankfurt/M. | Klejman, L./Rochefort, F. (1989): L'Egalité en marche. Le feminisme sous la Troisième Republique, Paris. | Lange, H. (1928): Kampfzeiten. Aufsätze und Reden aus vier Jahrzehnten, Berlin, Bd. 1. | Mill, J. S./Taylor, H. ([1869] 2012): Die Unterwerfung der Frauen, hg. v. U. Ackermann/H.J. Schmidt, in: Ausgewählte Werke, Hamburg: Bd. 1, 439–560. | Otto-Peters, L. (1890): Das erste Vierteljahrhundert des Allgemeinen deutschen Frauenvereins, Leipzig. | Rupp, L. J. (1998): Worlds of Women. The Making of an International Women's Movement, Lawrenceville. | Stanton, Th. (Hg.) (1884): The Woman Question in Europe. A Series of Original Essays, New York. | Stritt, M. (1901): Rechtskämpfe, in: Lange, H./Bäumer, G. (Hg.), *Handbuch der Frauenbewegung*, Berlin: Bd. II, 134–153. | Thönessen, W. (1969): Frauenemanzipation. Politik und Literatur der deutschen Sozialdemokratie zur Frauenbewegung 1863–1933, Frankfurt/M. | Twellmann, M. (1972): Die deutsche Frauenbewegung. Ihre Anfänge und erste Entwicklung 1843–1889, Meisenheim. | Wischermann, U. (2003): Frauenbewegungen und Öffentlichkeiten um 1900, Frankfurt/M. | Zetkin, C. (1957): Ausgewählte Reden und Schriften, Berlin, Bd. 1.

4. Zwischen und nach den Weltkriegen. 1919 bis 1949

Banks, O. (1986): Faces of Feminism. A Study of Feminism as a Social Movement, Oxford. | Benz, U. (Hg.) (1993): Frauen im Nationalsozialismus. Dokumente und Zeugnisse, München. | Bock, G. (1997): Ganz normale Frauen. Täter, Opfer, Mitläufer und Zuschauer im Nationalsozialismus, in: Heinsohn, K. et al. (Hg.), *Zwischen Karriere und Verfolgung*, Frankfurt/M./New York: 245–277. | Bremme, G. (1956): Die politische Rolle der Frau in Deutschland. Eine Untersuchung über den Einfluß bei Wahlen und ihre Teilnahme in Partei und Parlament, Göttingen. | Gerhard, U. (1993): «Fern von jedem Suffragettentum» – Frauenpolitik nach 1945, in: Wischermann, U. et al. (Hg.), *Staatsbürgerinnen zwischen Partei und Bewegung*, Frankfurt/M.: 9–40. | Göttert, M. (2000): Macht und Eros. Frauenbeziehungen und weibliche Kultur um 1900, Königstein/Ts. | Heinsohn, K./Vogel, B./Weckel, U. (Hg.) (1997): Zwischen Karriere und Verfolgung. Handlungsräume von Frauen im nationalsozialistischen Deutschland, Frankfurt/M./New York. | Kaplan, M. A. (1981): Die jüdische Frauenbewegung in Deutschland. Organisationen und Ziele des Jüdischen Frauenbundes 1904–1938, Hamburg. | Maierhof, G. (2002): Selbstbehauptung im Chaos in der Jüdischen Selbsthilfe 1933–1943, Frankfurt/M./New York. | Salomon, A. (1983): Charakter ist Schicksal. Lebenserinnerungen, Weinheim. | Schaser, A. (2000): Helene Lange und Gertrud Bäumer. Eine politische Lebensgemeinschaft, Köln/Weimar/Wien. | Stöcker, H. (2015): Lebenserinnerungen. Die unvollendete Autobiographie einer frauenbewegten Pazifistin, Köln/Weimar/Wien. | Wischermann, U./Schüller, E./Gerhard, U. (1993): Staatsbürgerinnen zwischen Partei und Bewegung. Frauenpolitik in Hessen, 1945–1955, Frankfurt/M. | Zahn-Harnack, A. von (1928): Die Frauenbewegung. Geschichte, Probleme, Ziele, Berlin.

5. Die «neue» Frauenbewegung

Einhorn, B. (1993): Cinderella Goes to Market. Citizenship, Gender and Women's Movements in East Central Europe, London/New York. | Eismann, S. (2008): Hot Topic. Popfeminismus heute, Mainz. | Ferree, M. M. (1990): Gleichheit und Autonomie. Probleme feministischer Politik, in: Gerhard, U. et al. (Hg.): *Differenz und Gleichheit*, Frankfurt/M.: 283–303. | Frauenjahrbuch (1975), hg. v. Frankfurter Frauen, Frankfurt/M. | Hampele-Ulrich, A. (2000): Der Unabhängige Frauenverband. Ein frauenpolitisches Experiment im deutschen Vereinigungsprozess, Berlin. | Kahlau, C. (1990): Aufbruch! Frauenbewegung in der DDR, München. | Kenawi, S. (1995): Frauengruppen in der DDR der 80er Jahre. Eine Dokumentation, Berlin. | Myrdal, A./Klein, V. (1962): Die Doppelrolle der Frau in Familie und Beruf, Köln/Berlin. | Peters, J./Wolper, A. (Hg.) (1995): Women's Rights – Human Rights. International Feminist Perspectives, New York/London. | Picq, F. (2011): Libération des femmes, quarante ans de mouvement, Brest. | Rudolph, C./Schirmer, U. (2004): Gestalten oder Verwalten? Kommunale Frauenpolitik zwischen Verrechtlichung, Modernisierung und Frauenbewegung, Wiesbaden. | Rupp, L. J./Taylor, V. (1990): Survival in the Doldrums. The American Women's Rights Movements 1945 to the 1960's, Columbus. | Strecker, G. (1965): Frausein heute, Weilheim. | Young, B. (1999): Triumph of the Fatherland. German Unification and the Marginalization of Women, Ann Arbor.